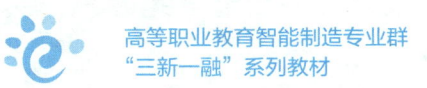

高等职业教育智能制造专业群
"三新一融"系列教材

机械制图习题集

主 编

董云菊
赵云波
杨春花

中国教育出版传媒集团
高等教育出版社·北京

内容简介

本习题集与赵云波主编的《机械制图》配套使用。为了方便教学和学习,习题集的编写顺序与教材保持一致。

本习题集由云南机电职业技术学院多年从事机械制图教学的教师和广州中望龙腾软件股份有限公司合作编写。

本套教材主要介绍识读与绘制工程图样的理论及方法,注重德技并修,着重培养学生的绘图技能和空间想象力,在保证教学质量的前提下切实有效地提高教学效率。

本习题集共分为十个项目,主要内容包括机械制图基本知识与技能,点、直线、平面的投影,立体的投影,组合体的投影,轴测图的绘制,图样的基本表达方法,标准件与常用件的绘制,零件图的识读与绘制,装配图的识读与绘制,计算机绘图基础。

本习题集可供高等职业院校、成人继续教育的机械类及近机类专业使用,也可供相关工程技术人员参考或使用。

授课教师如需本习题集配套的教学课件等资源,请登录"高等教育出版社产品信息检索系统"（https://xuanshu.hep.com.cn/）免费下载。

图书在版编目（CIP）数据

机械制图习题集 / 董云菊,赵云波,杨春花主编 .
北京：高等教育出版社, 2024.9. --ISBN 978-7-04
-062534-9

Ⅰ. TH126-44

中国国家版本馆 CIP 数据核字第 2024N7M287 号

Jixie Zhitu Xitiji

策划编辑	吴睿韬	责任编辑	吴睿韬	封面设计	贺雅馨	版式设计 李彩丽
责任绘图	杨伟露	责任校对	窦丽娜	责任印制	刁 毅	

出版发行	高等教育出版社		网　　址	http://www.hep.edu.cn
社　　址	北京市西城区德外大街 4 号			http://www.hep.com.cn
邮政编码	100120		网上订购	http://www.hepmall.com.cn
印　　刷	北京市大天乐投资管理有限公司			http://www.hepmall.com
开　　本	787mm×1092mm　1/16			http://www.hepmall.cn
印　　张	16			
字　　数	190 千字		版　　次	2024 年 9 月第 1 版
购书热线	010-58581118		印　　次	2024 年 9 月第 1 次印刷
咨询电话	400-810-0598		定　　价	35.80 元

本书如有缺页、倒页、脱页等质量问题，请到所购图书销售部门联系调换
版权所有　侵权必究
物 料 号　62534-00

前　言

工程图样是工程技术人员用来表达设计思想、进行技术交流、指导生产的重要技术文件与依据，被喻为"工程界的语言"，因此，掌握工程图样的识读及绘制方法是一名工程技术人员必须具备的最基本素质和能力。

本习题集与赵云波主编的《机械制图》配套使用，为了方便教学和学习，习题集的编写顺序与主教材保持一致。

本习题集由云南机电职业技术学院多年从事机械制图教学的教师和广州中望龙腾软件股份有限公司合作编写。

本套教材主要研究识读与绘制工程图样的理论及方法，融入思政育人内容，注重德技并修，着重培养学生的绘图技能和空间想象力，在保证教学质量的前提下切实有效地提高教学效率。

根据学生的特点及学时要求，本套教材将重点放在正投影法基础，读图及画图能力的培养上，力求联系实际，做到内容精炼、深入浅出、层次分明、图文并茂，符合学习者的认识规律，便于教学和学习。全套教材的内容和体系具有科学性、启发性和实用性，且全部采用最新颁布的《技术制图》《机械制图》等国家标准。

本习题集共分为十个项目，主要内容包括机械制图基本知识与技能，点、直线、平面的投影，立体的投影，组合体的投影，轴测图的绘制，图样的基本表达方法，标准件与常用件的绘制，零件图的识读与绘制，装配图的识读与绘制，计算机绘图基础。

本习题集由董云菊、赵云波、杨春花任主编，杨钊、胡海莲、陈宇任副主编，周水芳、张荧任参编。其中，项目一由赵云波编写，项目二、项目三由所有编者共同编写，项目四由胡海莲编写，项目五由张荧编写，项目六由陈宇编写，项目七由周水芳编写，项目八由董云菊、杨春花编写，项目九由杨钊编写，项目十由广州中望龙腾软件股份有限公司编写，全书由董云菊负责统稿。中国机械总院集团云南分院有限公司的韩玉稳负责主审。

此外，本习题集的编写还得到了许多教师的帮助和支持，在此谨表感谢。

由于编者水平有限，加之时间仓促，书中难免存在不足之处，恳请读者批评指正。

编　者

2024 年 5 月

目　　录

项目一

机械制图基本知识与技能

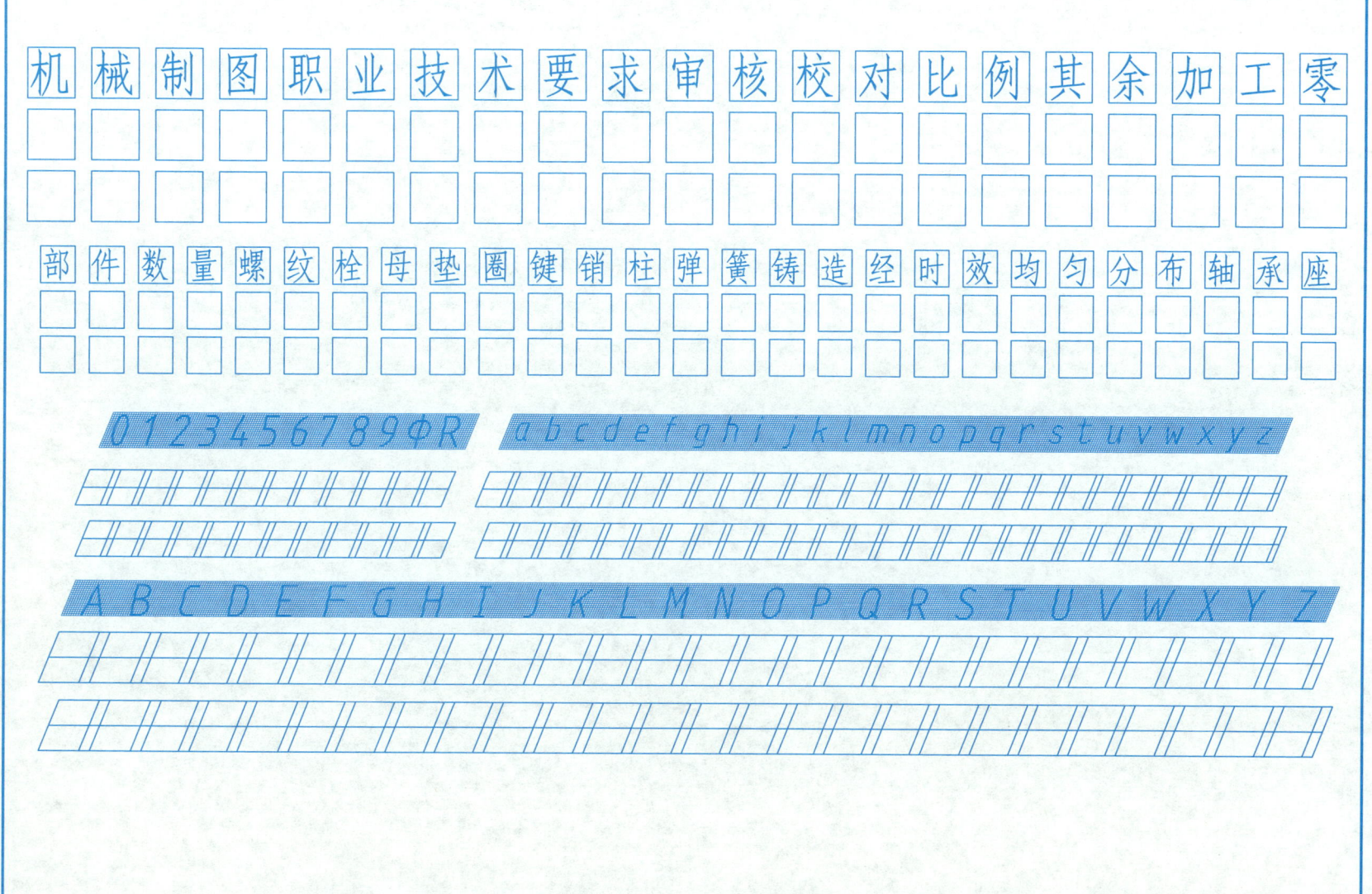

机 械 制 图 职 业 技 术 要 求 审 核 校 对 比 例 其 余 加 工 零

部 件 数 量 螺 纹 栓 母 垫 圈 键 销 柱 弹 簧 铸 造 经 时 效 均 匀 分 布 轴 承 座

0123456789ΦR abcdefghijklmnopqrstuvwxyz

ABCDEFGHIJKLMNOPQRSTUVWXYZ

1.在给定位置抄画图线。

2.在给定位置抄画图线。

1.标注出图中的长度尺寸及角度尺寸(尺寸按1：1在图中量取，取整数)。

（1）

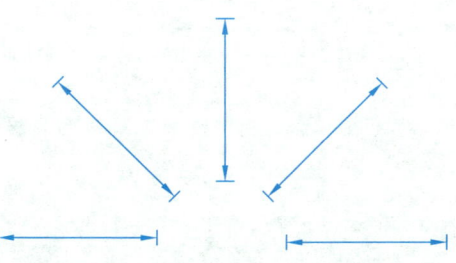

（2）

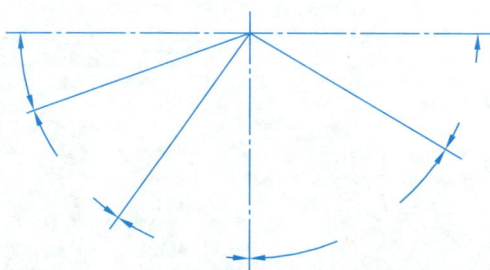

（3）

（4）

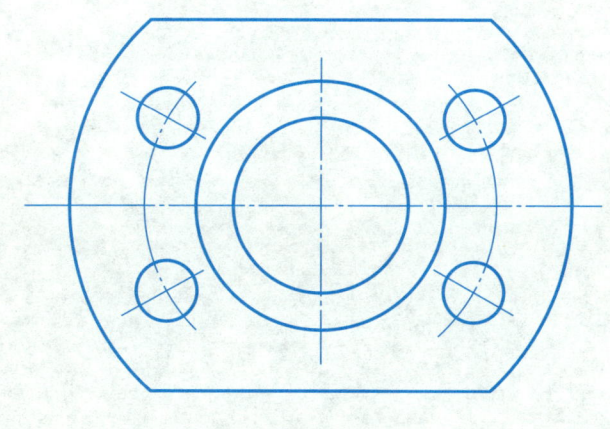

2.找出左图中尺寸标注的错误,并在右图中进行正确的标注。

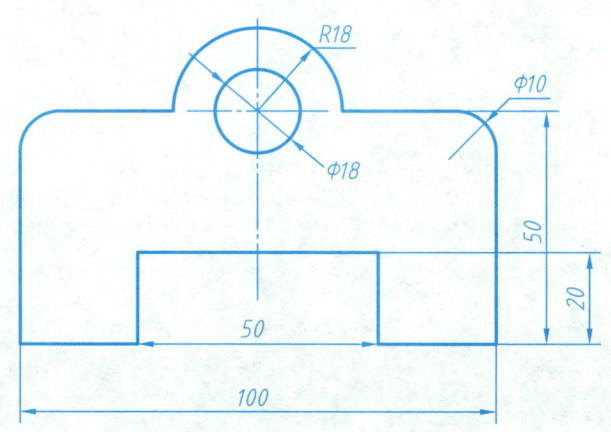
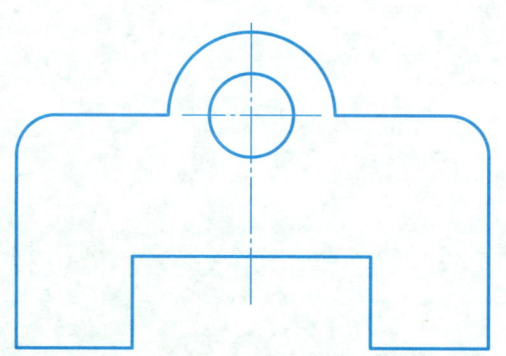

3.参照下图所示,按照1:2的绘图比例抄画图形并标注尺寸。

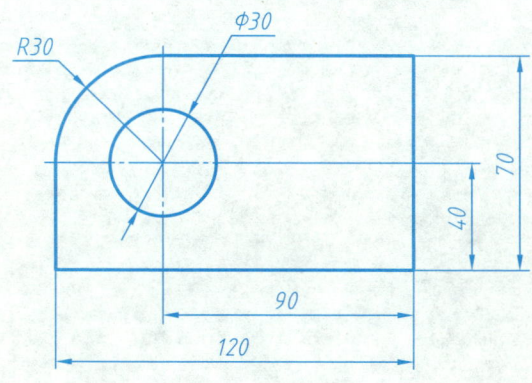

1.作圆的内接正五边形。

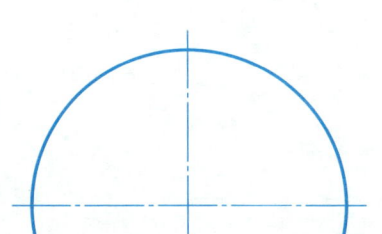

2.参照左边示意图，作带有1：3斜度的图形，保留作图痕迹。

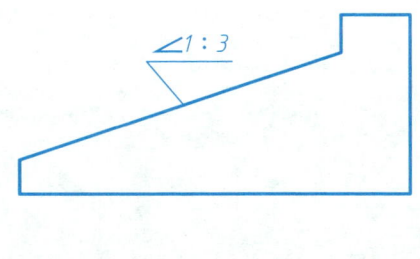

3.作圆的内接正六边形。

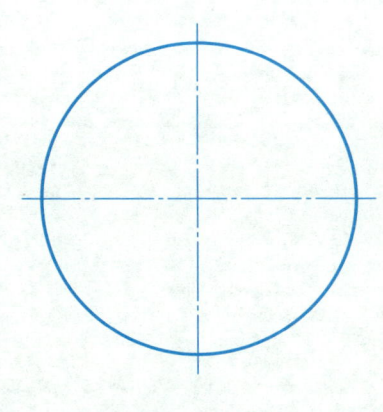

4.按照1：1的比例抄画图形，并标注尺寸。

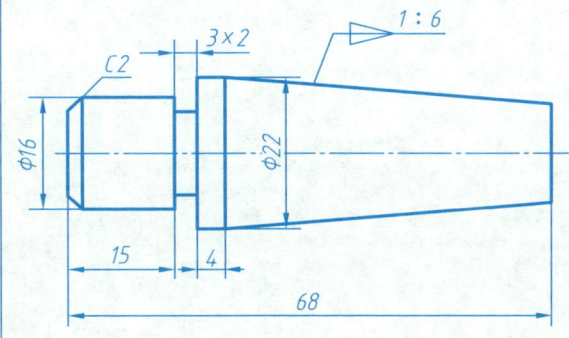

1.参照所示图形，按照1∶1的比例完成圆弧与线段的连接，并标出连接圆弧的圆心和切点。

（1）

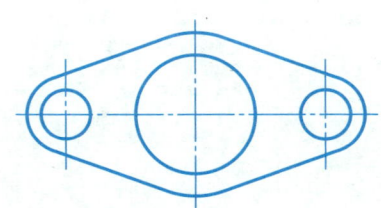

（2）

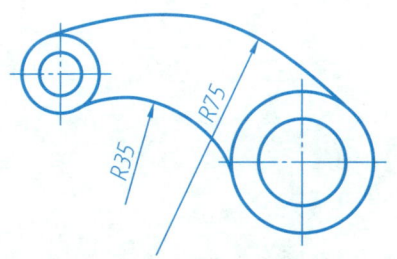

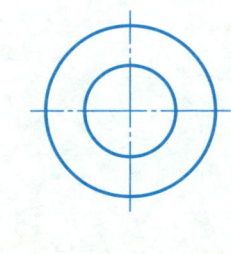

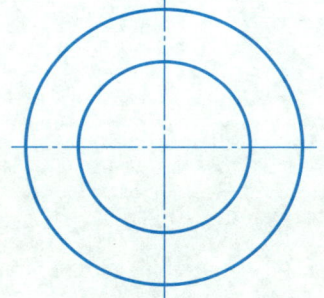

2.参照所示图形,按照1∶1的比例抄画图形,并标注尺寸。

(1)

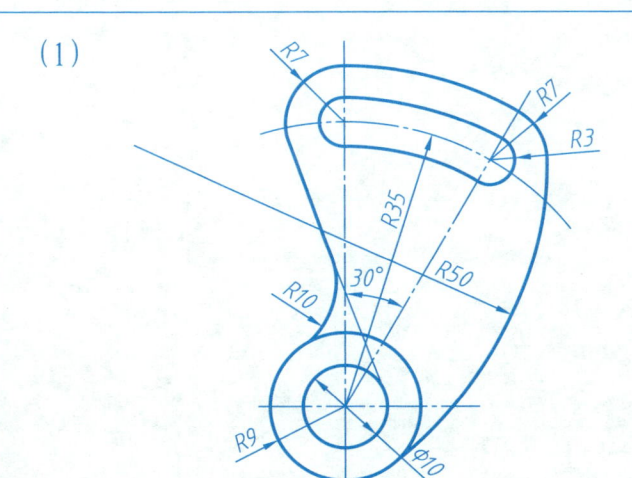

(2)

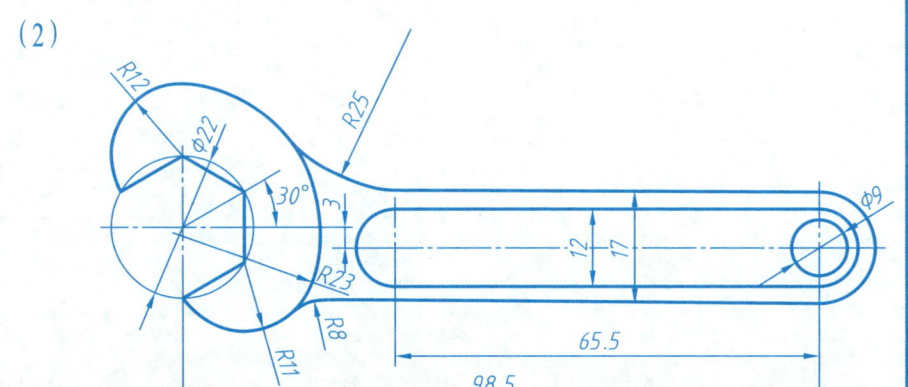

1.作业目的

(1) 熟悉平面图形绘制过程及尺寸标注方法。

(2) 掌握线型规格及线段连接技巧。

2.内容与要求

在A4图纸上,选用合适的比例绘制平面图形,并标注尺寸。

3.作图步骤

(1) 分析图形中尺寸的作用及线段的性质,从而决定作图步骤。

(2) 画底稿。

①画图框及标题栏。

②画图形的基准线、对称线及圆的中心线等。

③按已知线段、中间线段、连接线段的顺序画出图形。

(3) 检查底稿。

(4) 加深图形。

(5) 标注尺寸、填写标题栏及技术要求。

4.注意事项

(1) 在布置图形时,应考虑标注尺寸的位置。

(2) 画底稿时,图线应该画得轻而准确,圆弧连接应找出圆心和切点。

(3) 加深时必须细心,按"先粗后细,先曲后直,先水平后垂直、倾斜"的顺序绘制,应做到同类图线粗细一致,线段连接光滑。

(4) 标注尺寸要完整、清晰。

(5) 填写标题栏及技术要求应该用标准字体。

(6) 保持图面整洁。

5.图例
（1）吊钩

（2）挂轮架

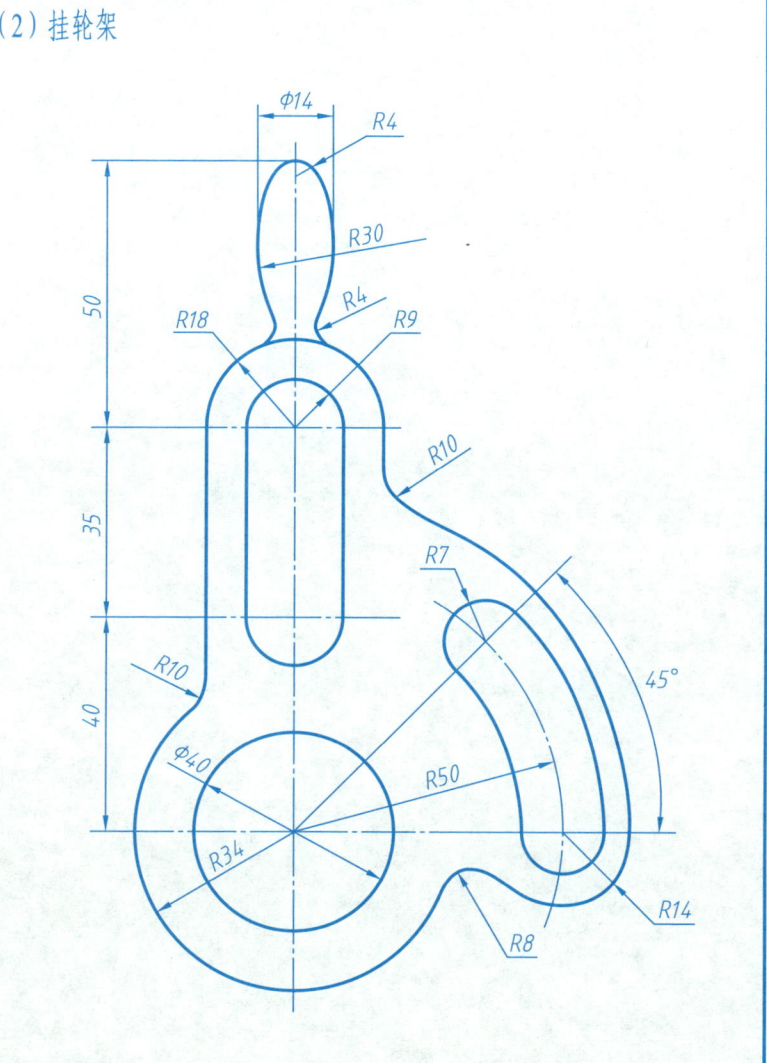

项目二

点、直线、平面的投影

1.根据箭头所示的投射方向，将正确视图的图号填入各立体图的圆圈内。

（1）

| 1 | 2 | 3 | 4 | 5 | 6 | 7 | 8 | 9 | 10 |

（2）

2.补画下列三视图中所缺的线段。
 （1）

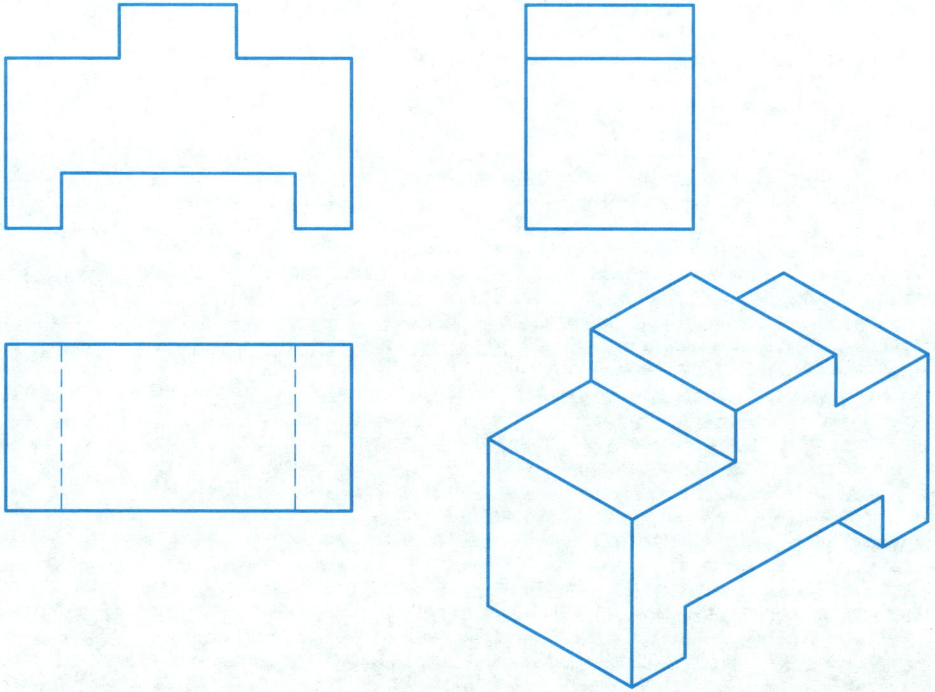

（2）

（3）

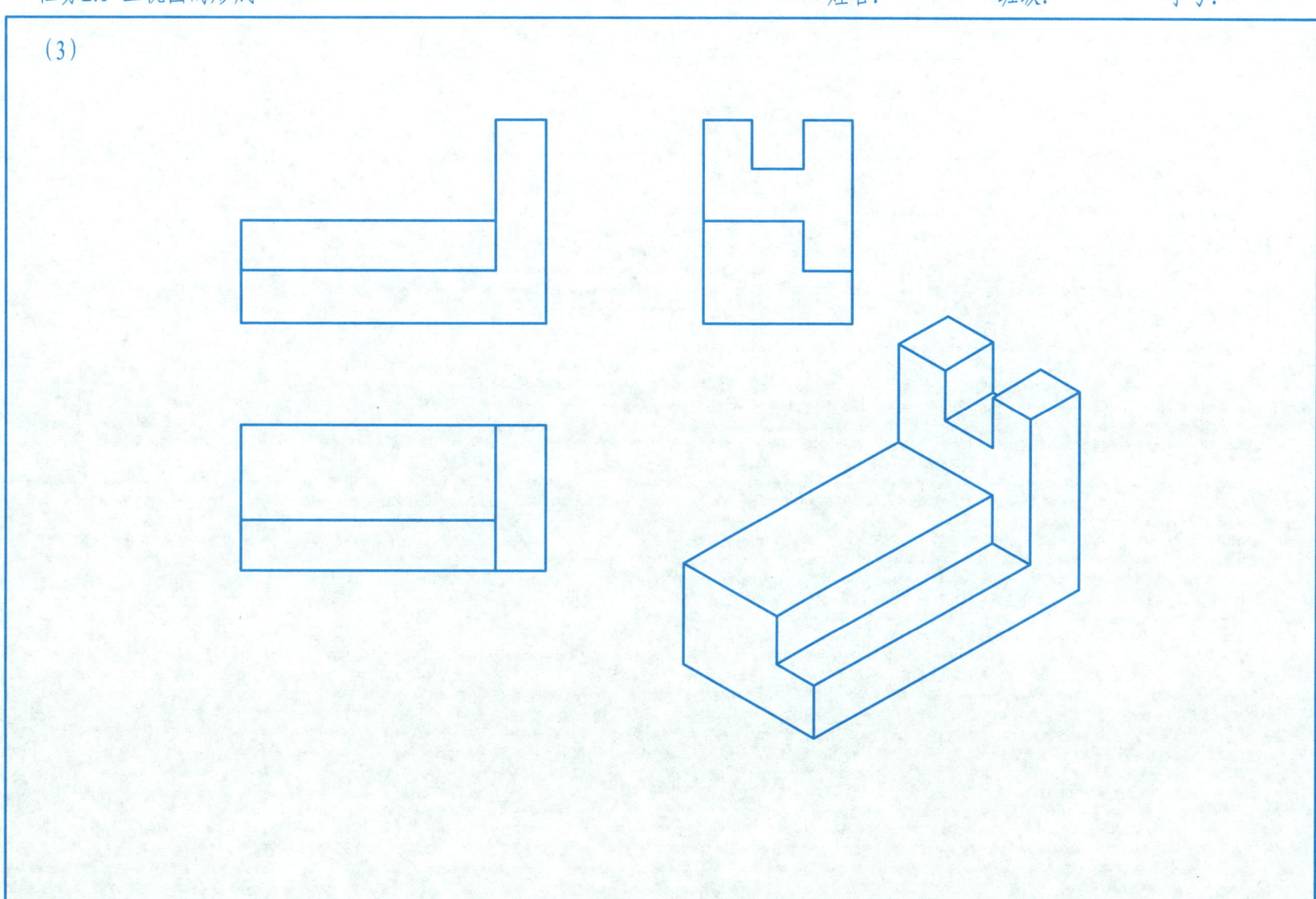

（4）

3.根据立体图补画其余视图。

（1）

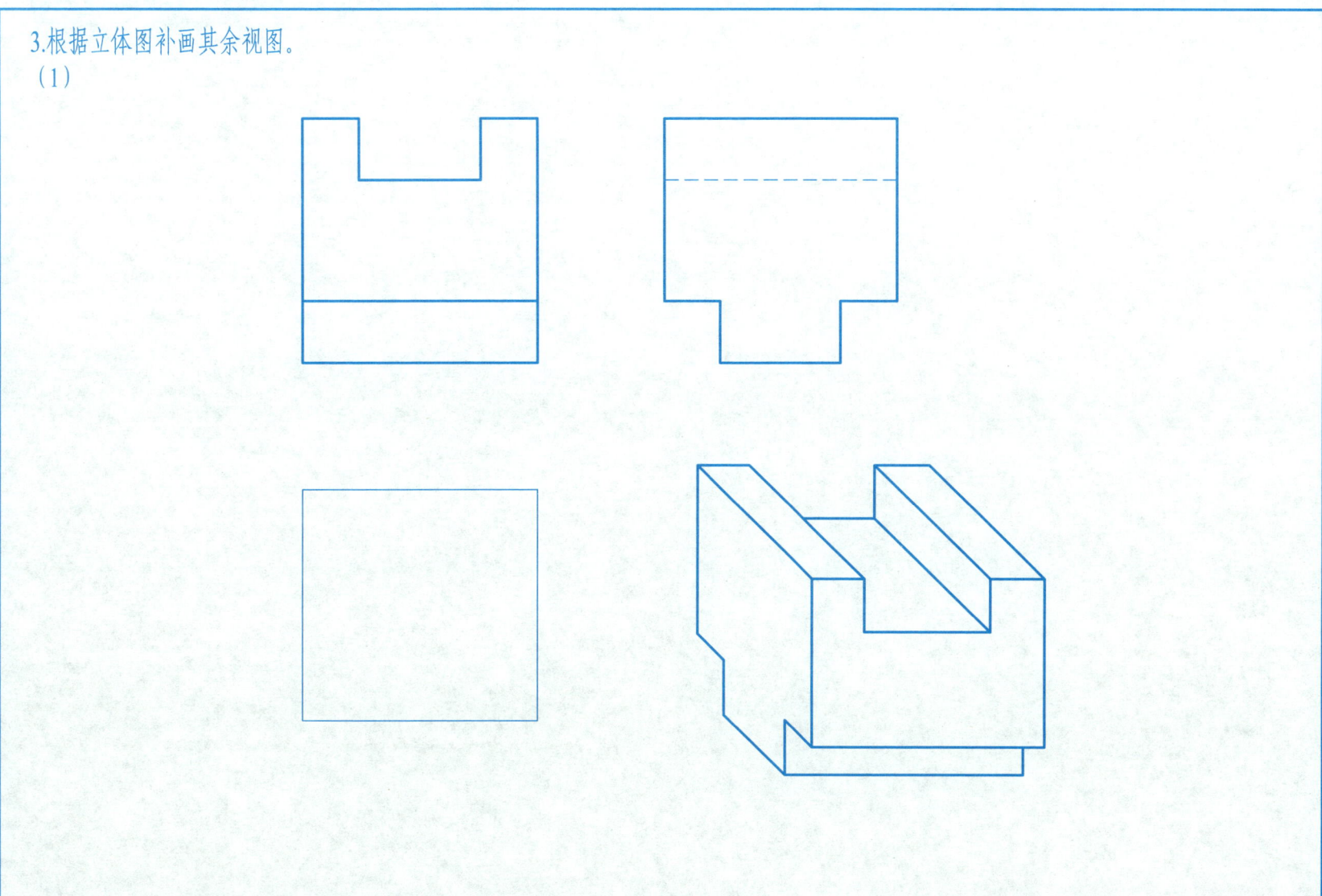

（2）

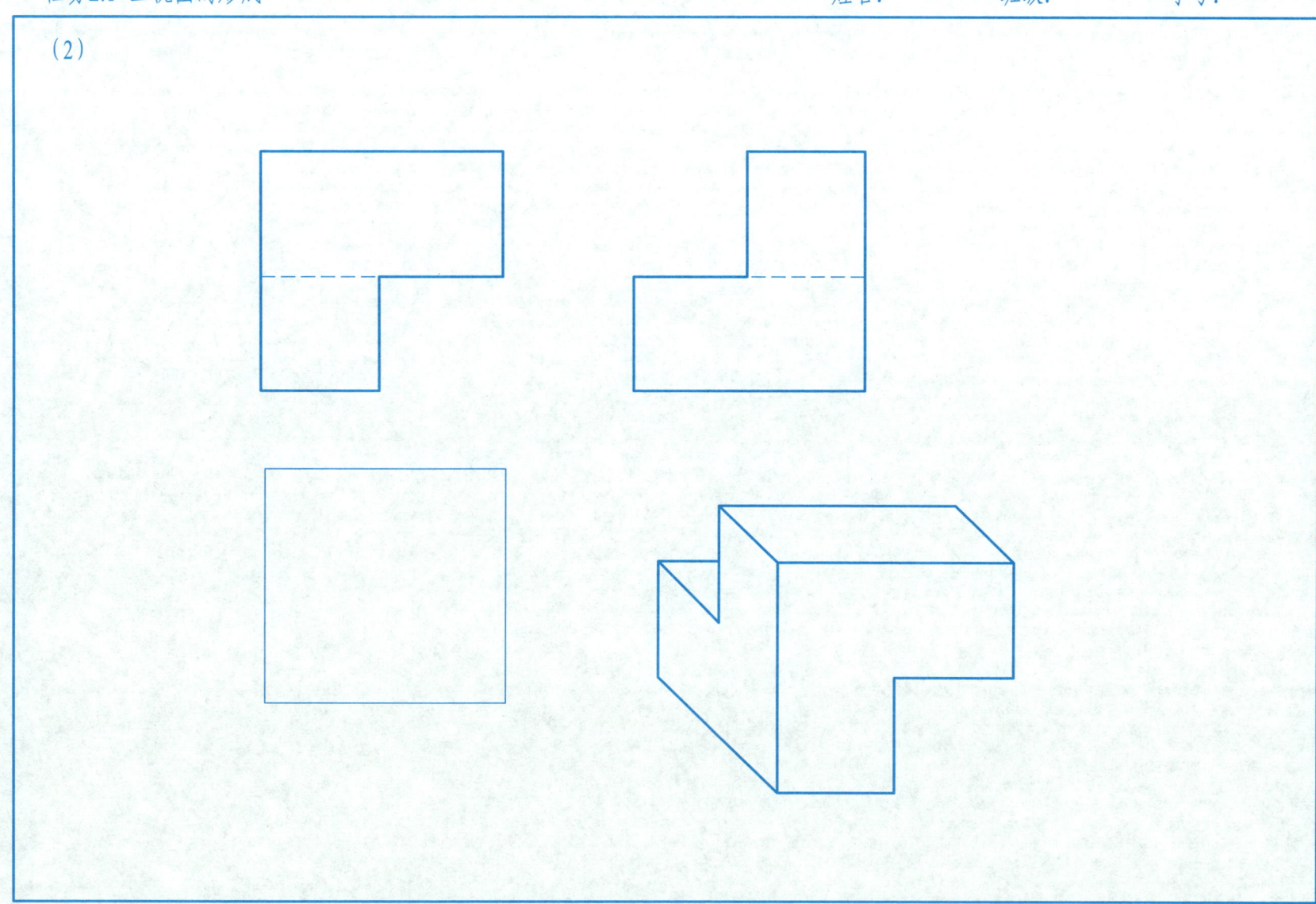

4.根据立体图画三视图(尺寸在图上量取)。

（1）

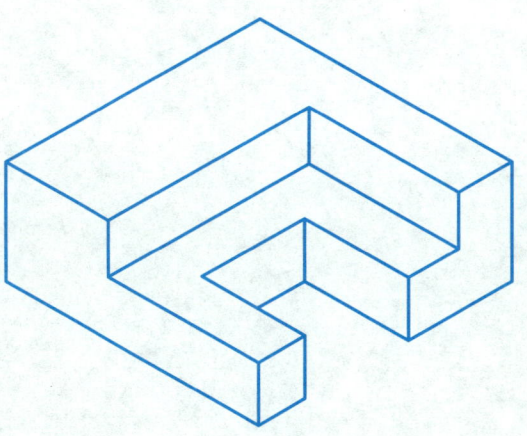

（2）

1.根据立体图作A、B、C三点的三面投影(尺寸在图上量取)。

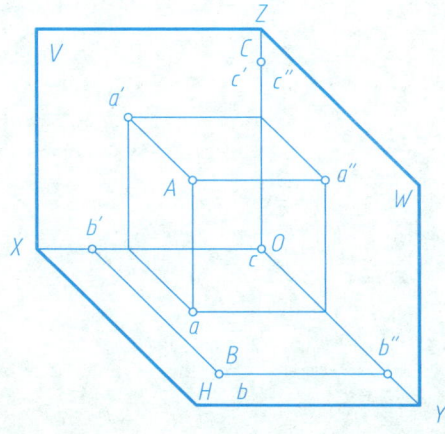

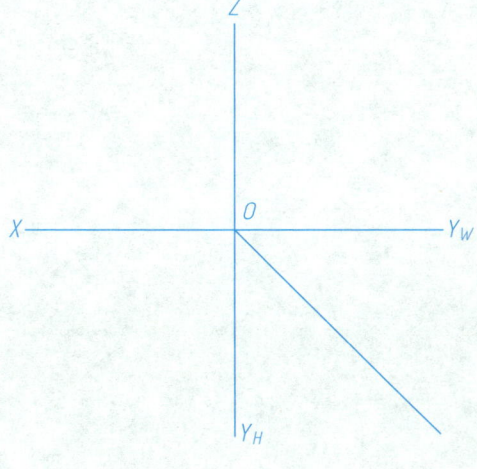

2.已知点的两面投影，求作其第三面投影。

（1）

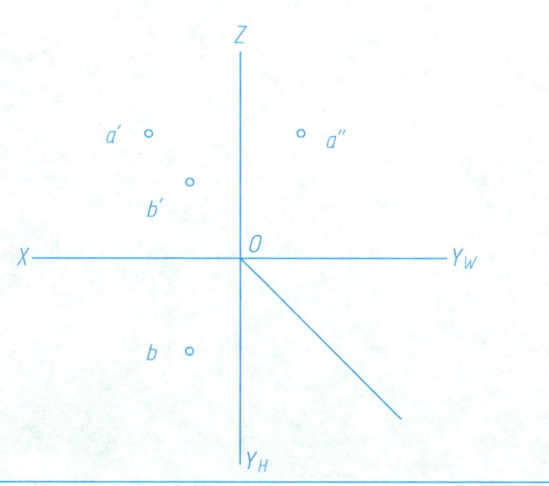

（2）

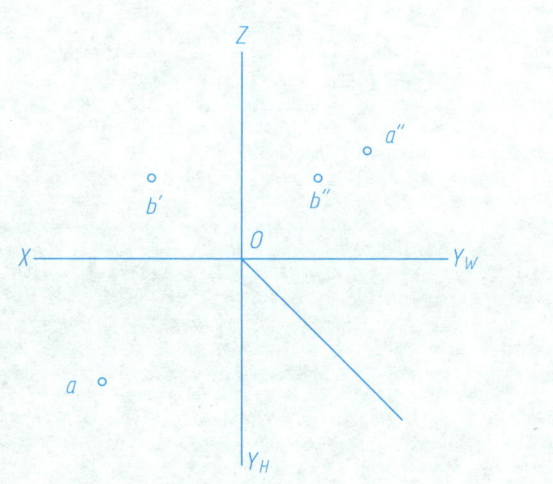

3.作各点的三面投影：$A(25，15，20)$，$B(20，10，15)$，点C在点A的左10、前15、上12。

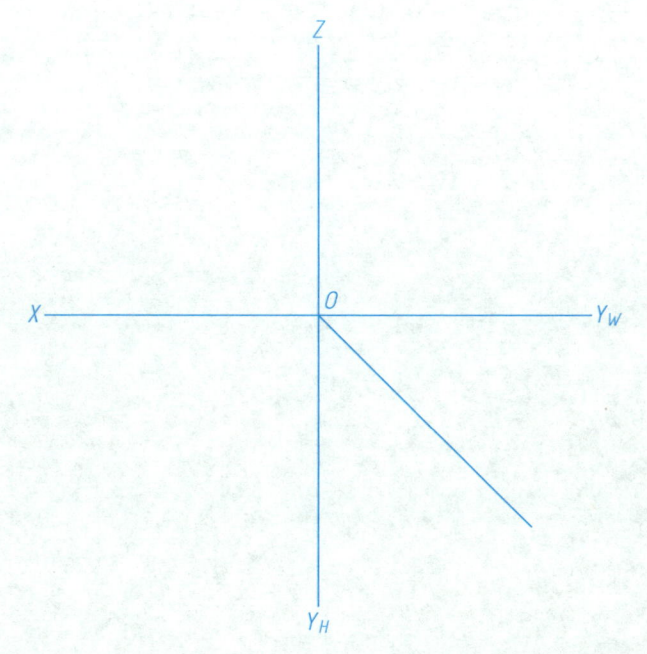

4.已知点B距离点A为10，点C与点A是对V面的重影点，点D在点A正下方10。补全各点的三面投影，并标明可见性。

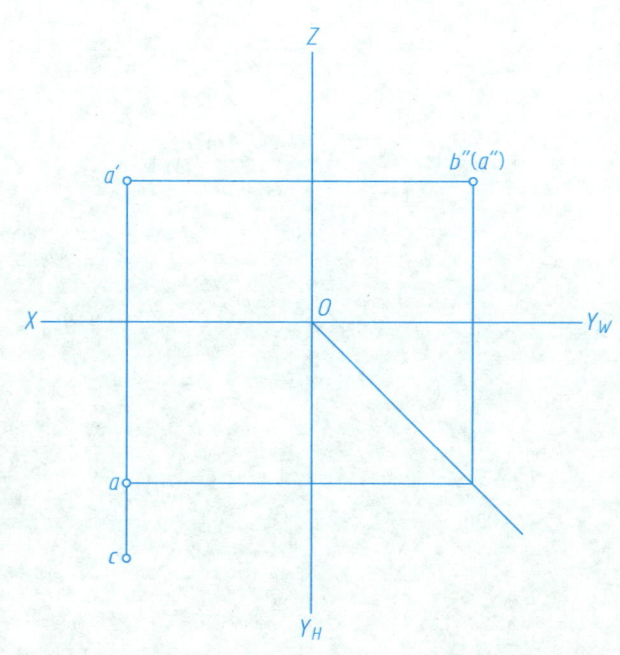

1.根据已知直线AB的水平投影ab、正面投影a'b'和点C的水平投影c、正面投影c'，补齐直线AB和点C的第三投影，并判断点C是否在直线AB上。

2.判断点K是否在直线AB上；点M是否在直线CD上。

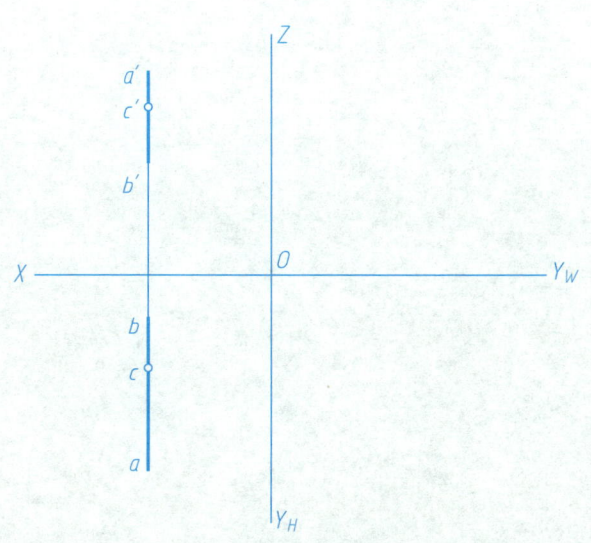

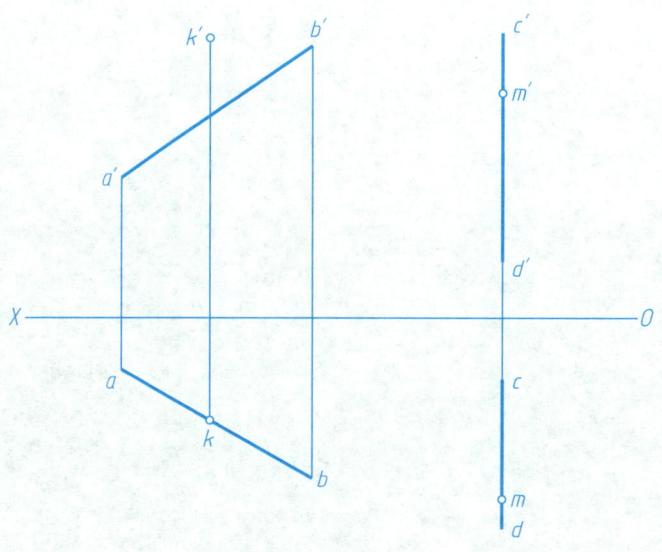

C点　　　　　　直线AB上

点K　　　　　　直线AB上　　　　点M　　　　　　直线CD上

3.判断下列直线相对投影面的位置。

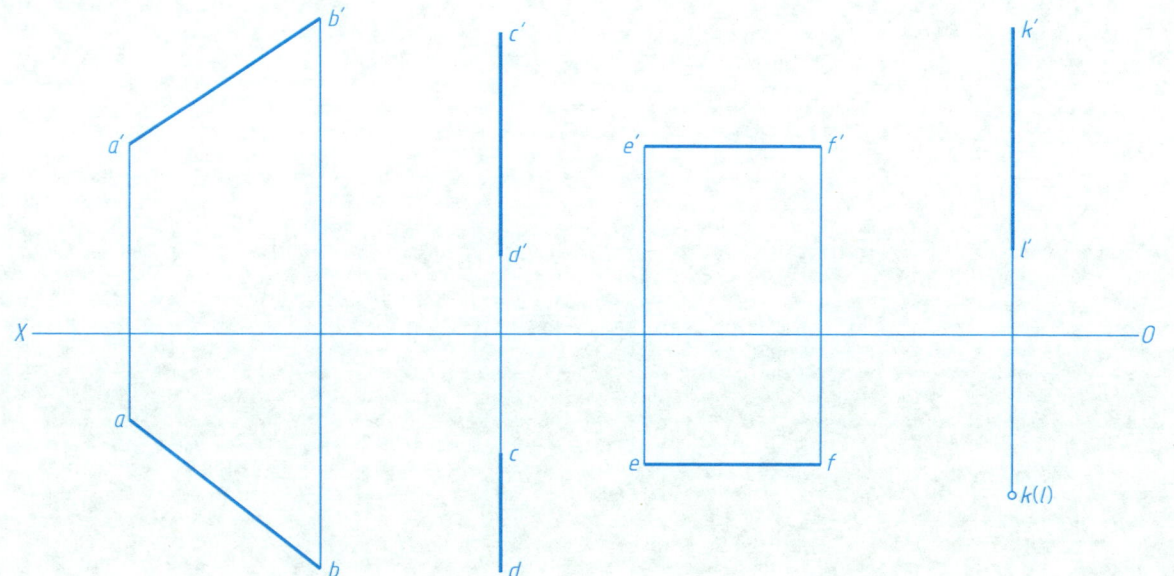

AB是_____线　　　CD是_____线　　　EF是_____线　　　KL是_____线

4.判断两直线的相对位置(平行、相交、交叉)。

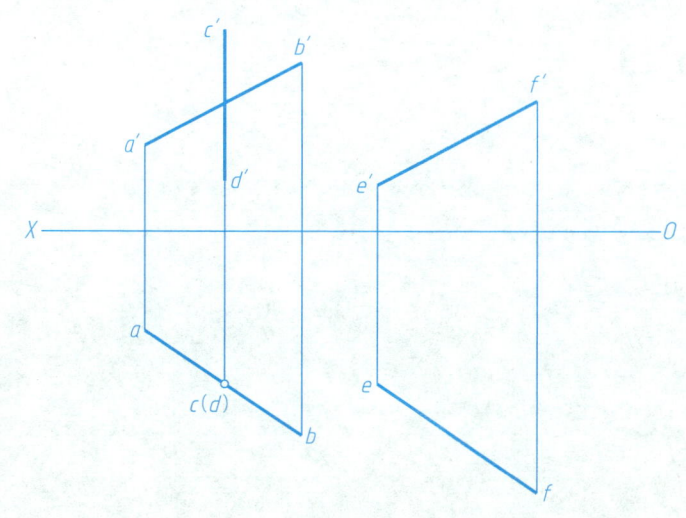

AB和CD_____

AB和EF_____

CD和EF_____

5.已知直线AB上一点C距H面20，求点C的V面和H面投影。

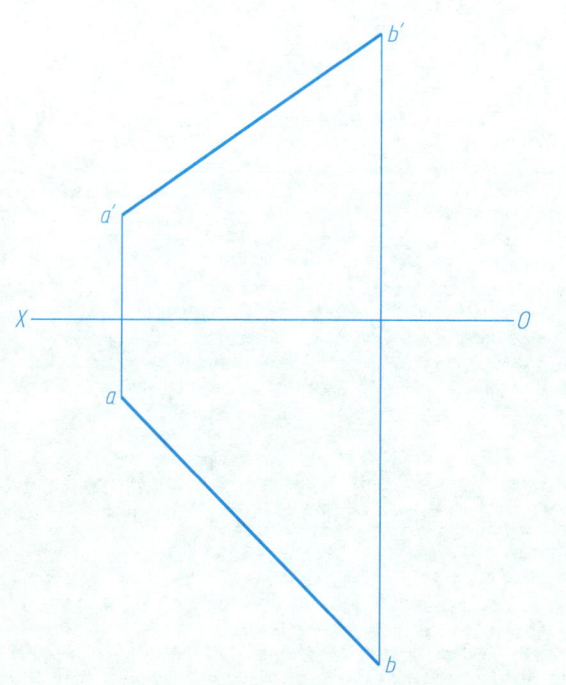

1.判断点K和直线MS是否在△MNT平面上。

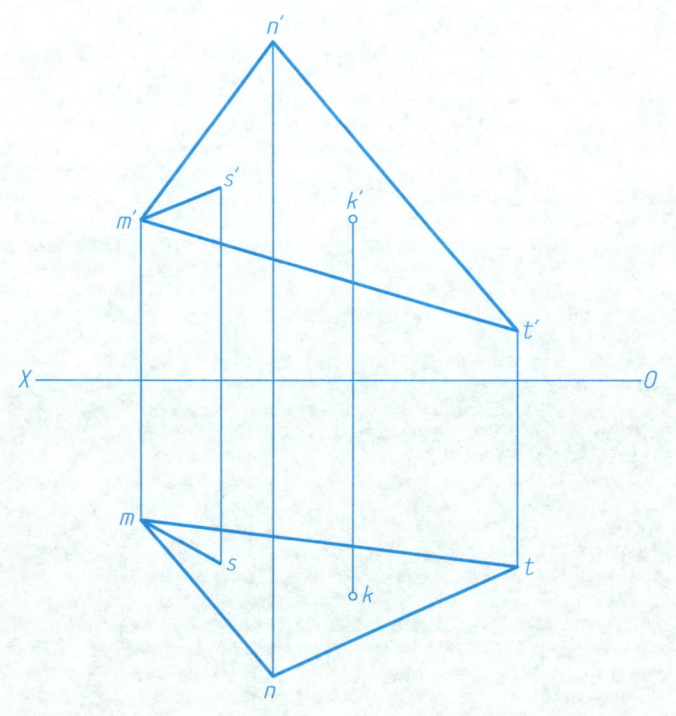

点K_____△MNT平面上；

直线MS_____△MNT平面上

2.判断A、B、C、D是否在同一平面上。

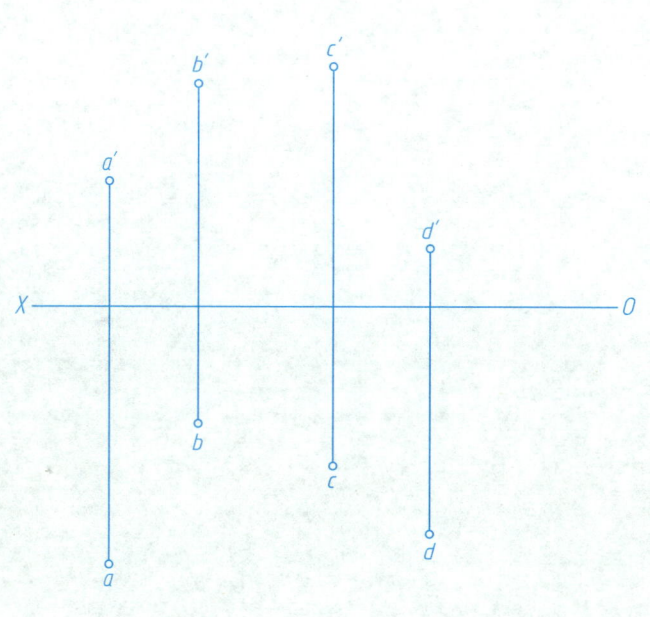

四点_____同一平面上

3.点D属于平面ABC，求其另一投影。

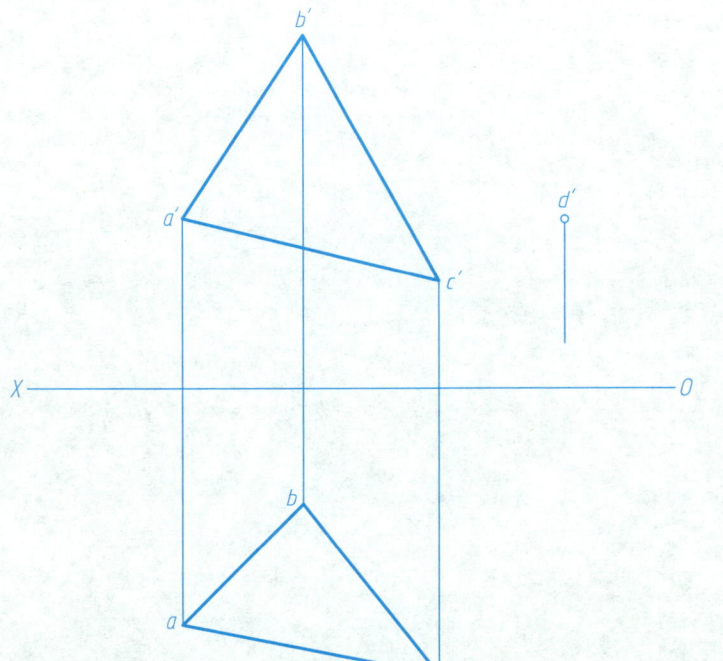

4.补全平面图形PQRST的两面投影。

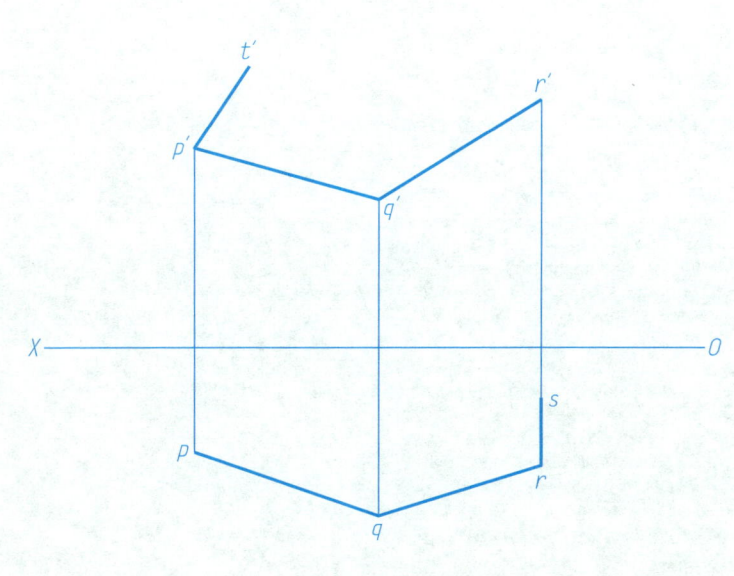

5.作出 ▱ABCD上的△EFG的正面投影。

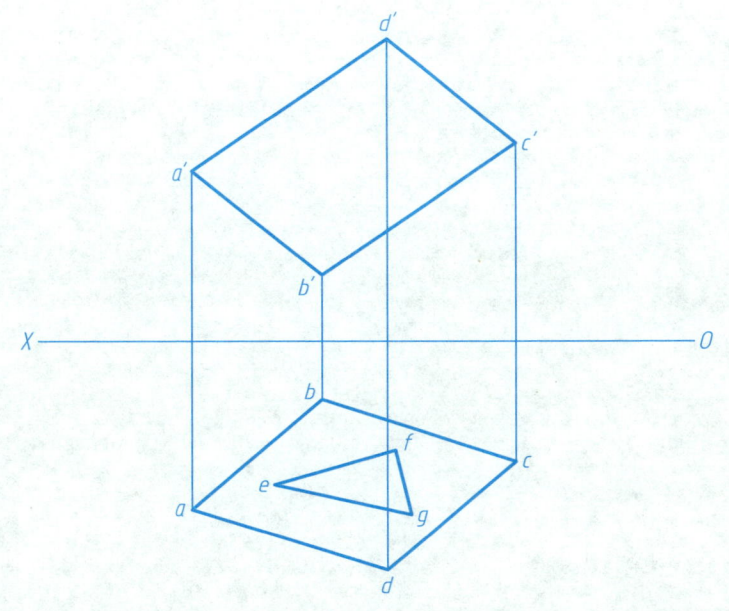

6.过点A作属于平面△ABC的水平线。

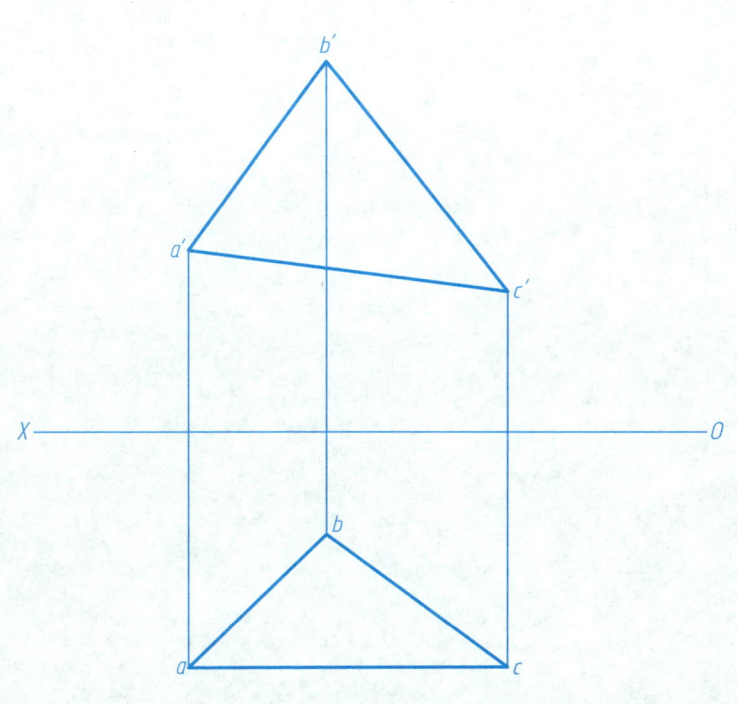

项目三

立体的投影

求作平面立体表面点的投影。

(1)

(2)

(3)

(4)

(5)

(6)

分析下列各曲面立体的投影特性，补全曲面立体及其表面上点的三面投影。

(1)

(2)

(3)

(4)

1.分析下列各平面立体的截交线，并补全平面立体的三面投影。

（1）

（2）

（3）

（4）

（5）

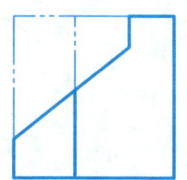

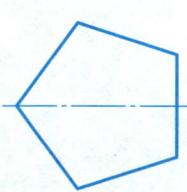

（6）

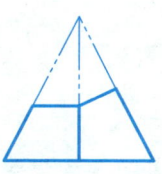

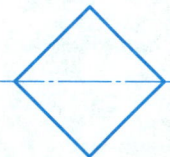

（7）

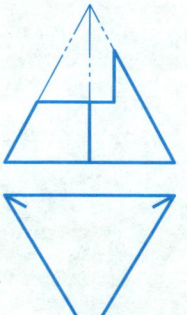

（8）

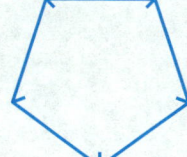

2.分析下列各曲面立体的表面交线，并补全曲面立体的三面投影。

(1)

(2)

(3)

(4)

（5）

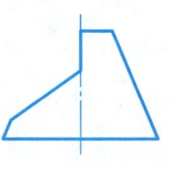

（6）

（7）

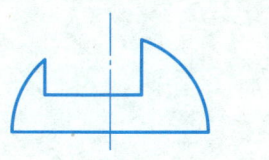

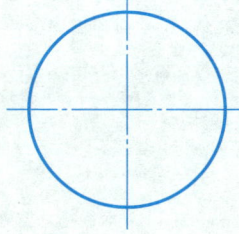

（8）

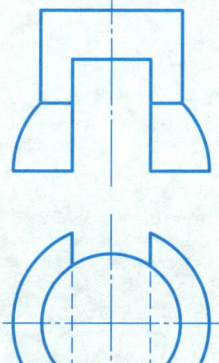

任务3.4 两立体的相交——相贯线　　　　　　姓名：　　　　班级：　　　　学号：

分析下列各曲面立体的表面交线，并补全曲面立体的三面投影。

(1)

(2)

(3)

(4)

（5）

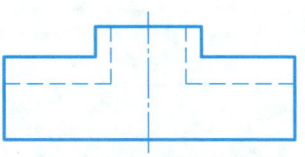
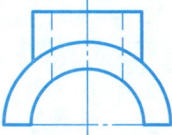
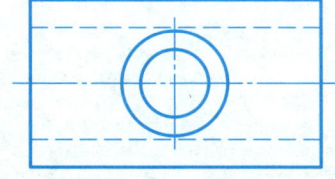

（6）

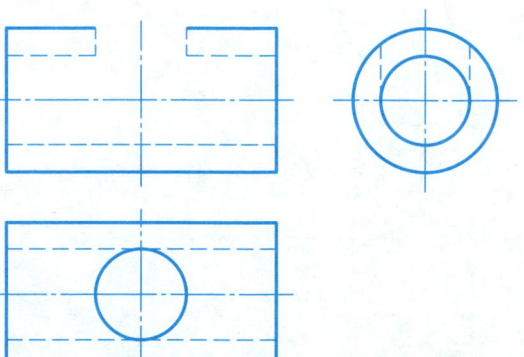

（7）

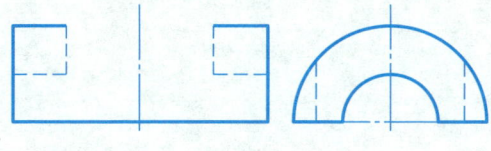
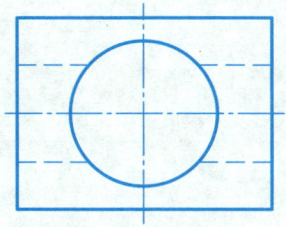

（8）

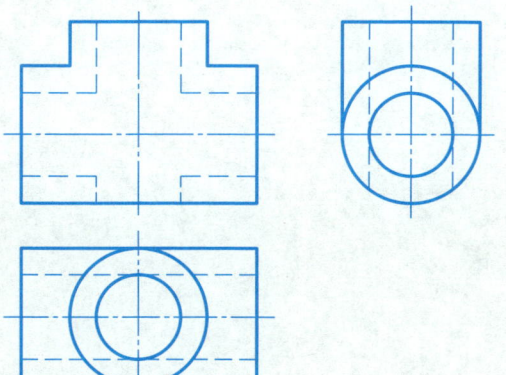

项目四

组合体的投影

补画视图中的漏线。

(1)

(2)

（3）

（4）

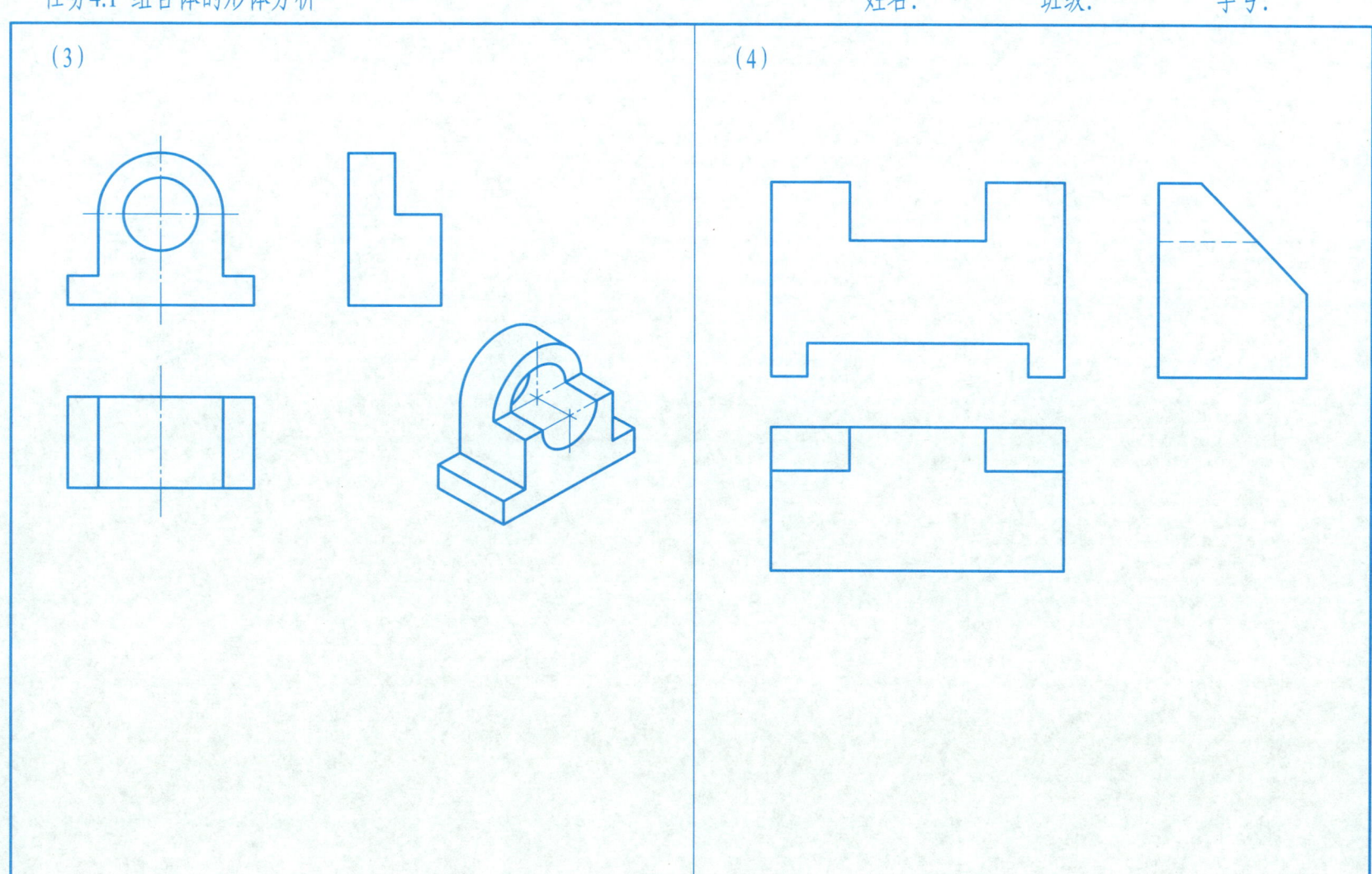

（5）

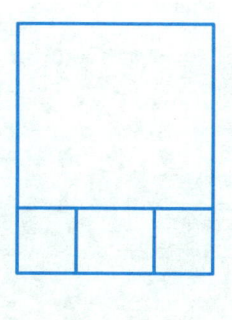

（6）

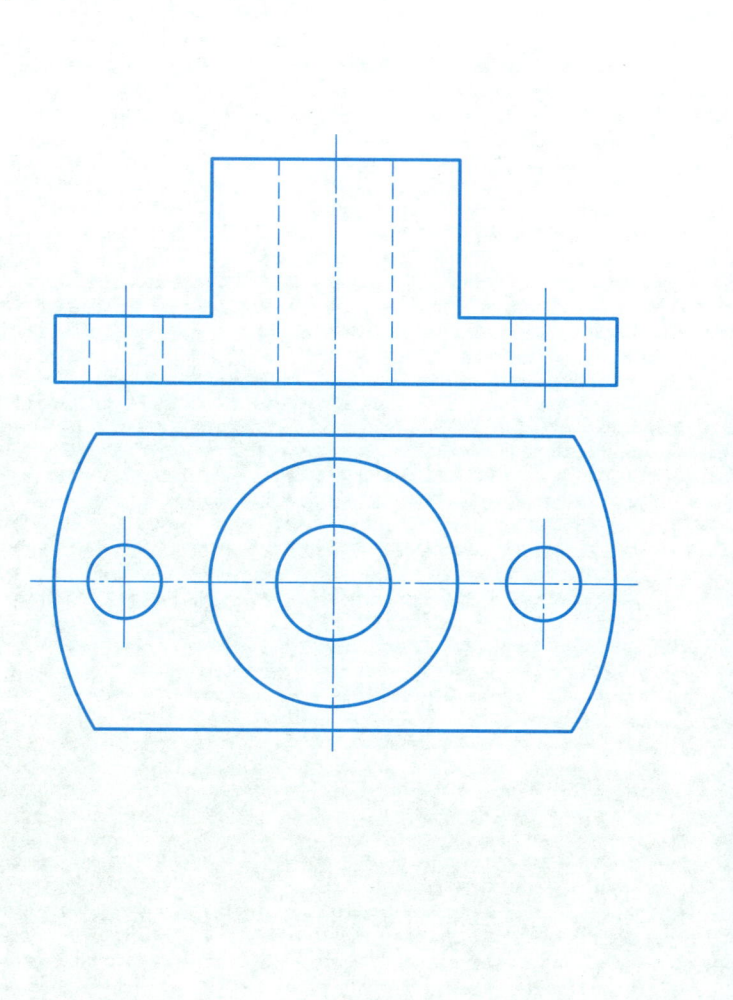

1.根据轴测图1∶1画出组合体的三视图(图中的孔和槽均为通孔和通槽)，尺寸从图中量取。

（1）

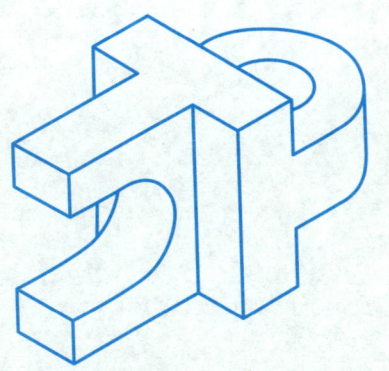

（2）

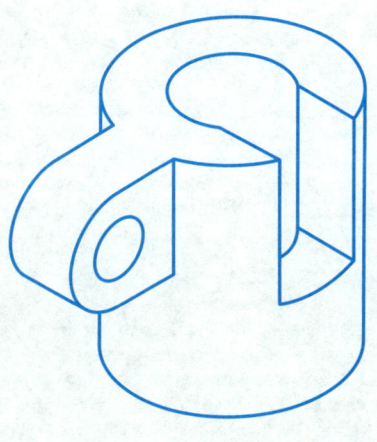

（3）

(4)

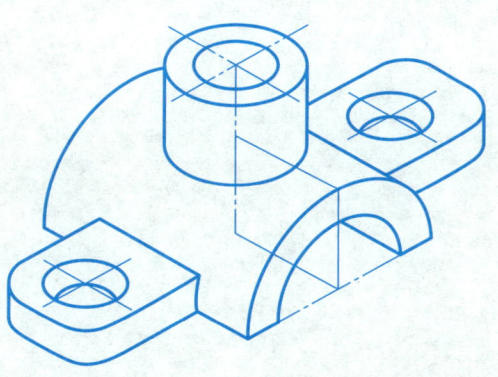

任务4.2 组合体的画法　　　　　　　　　姓名：　　　班级：　　　学号：

2.根据两视图补画左视图。

（1）

（2）

（3）

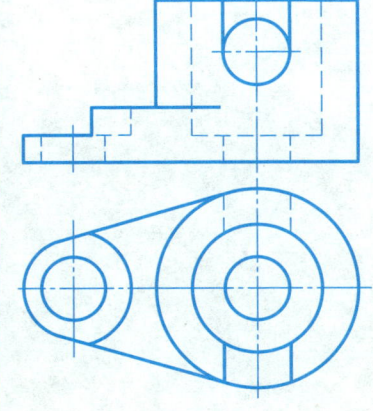

3.根据两视图补画俯视图。

（1）

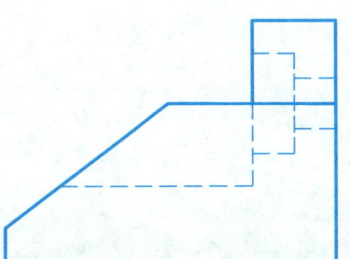 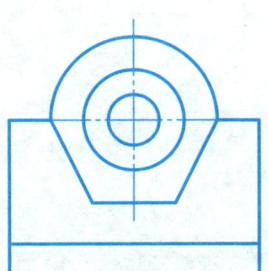

（2）

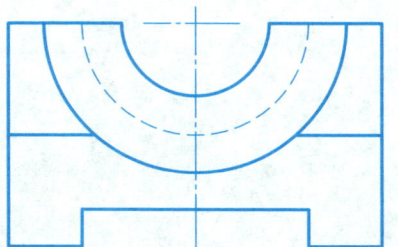

（3）

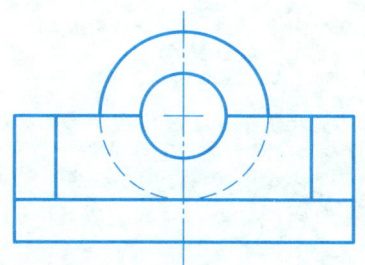
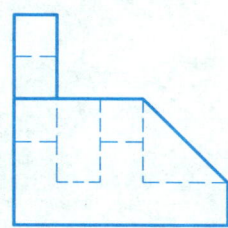

1.在标注错误的尺寸上打"×",然后修改标注不妥的尺寸。

（1）

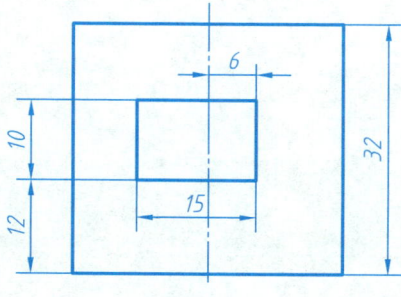 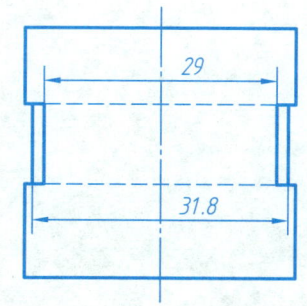

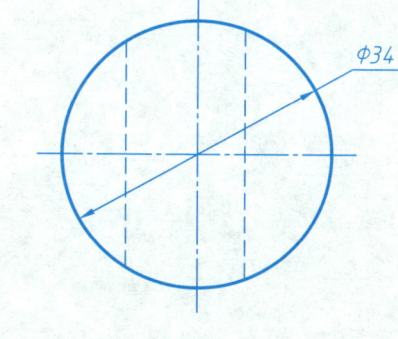

（2）

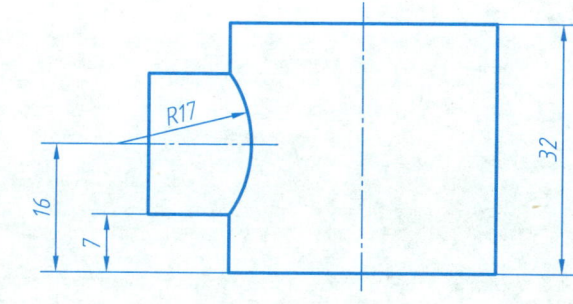

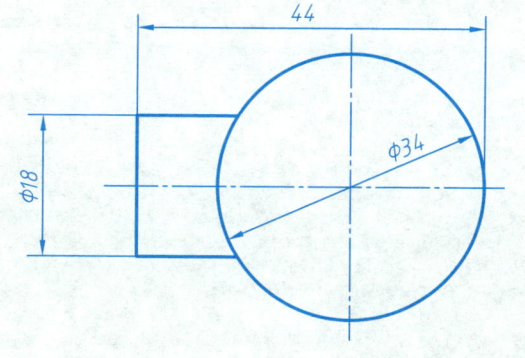

（3）

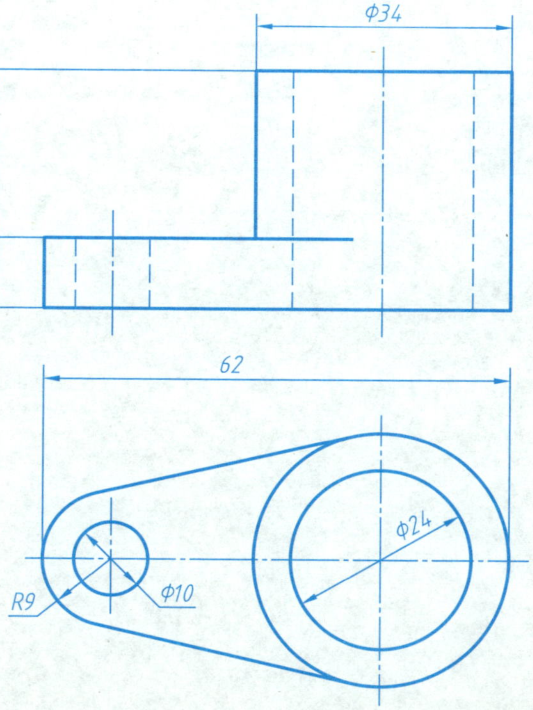

（4）

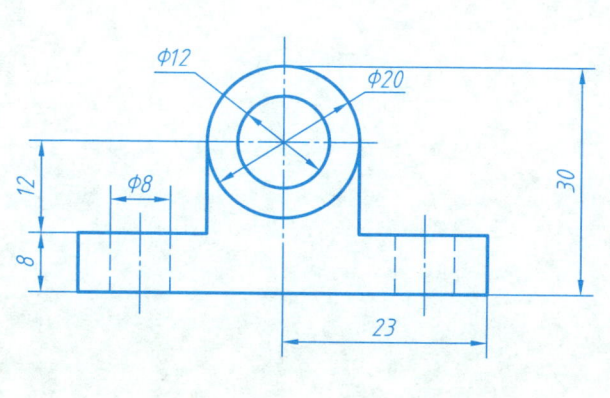

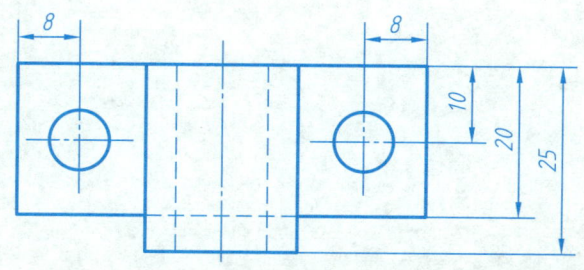

（5）

（6）

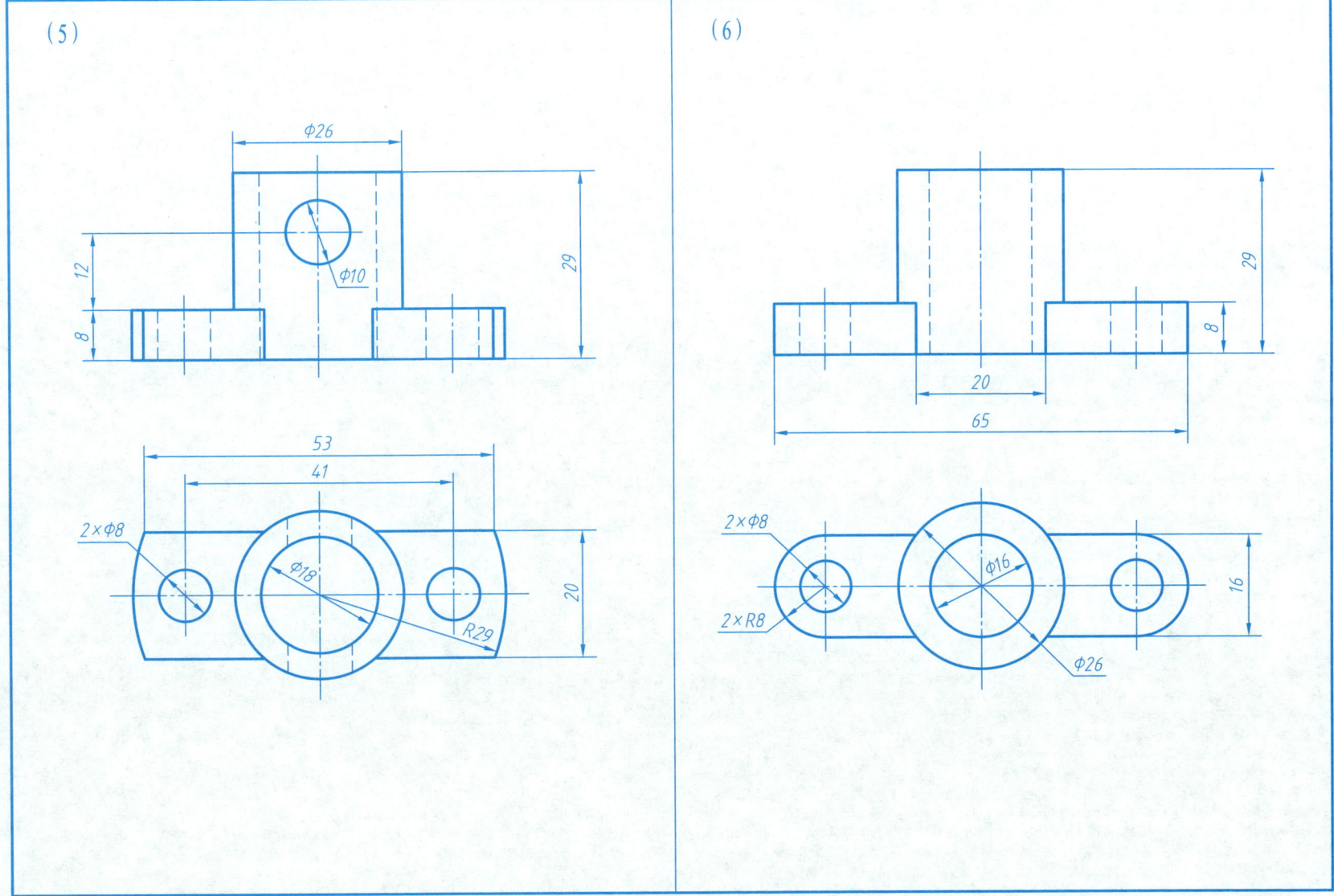

2.补全图中遗漏的尺寸，尺寸数值按1∶1从图中量取整数。

（1）漏5个尺寸

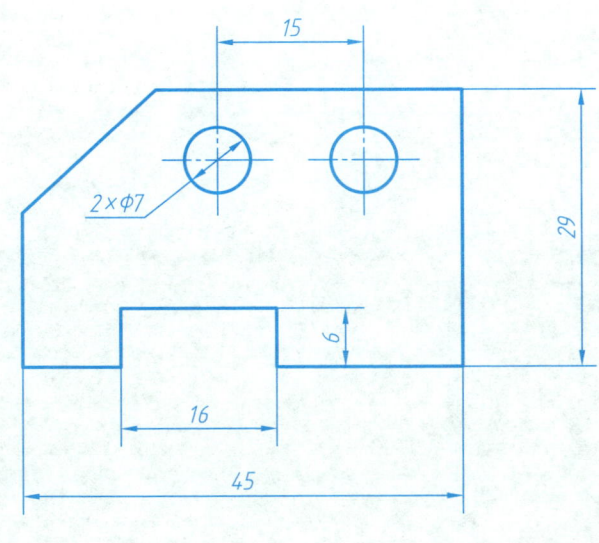

2×φ7

15

29

6

16

45

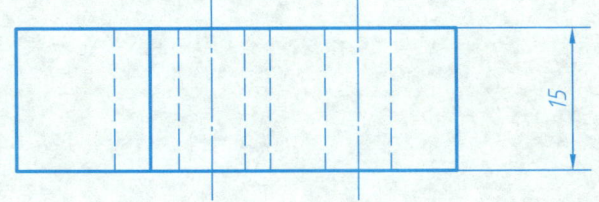

15

（2）漏5个尺寸

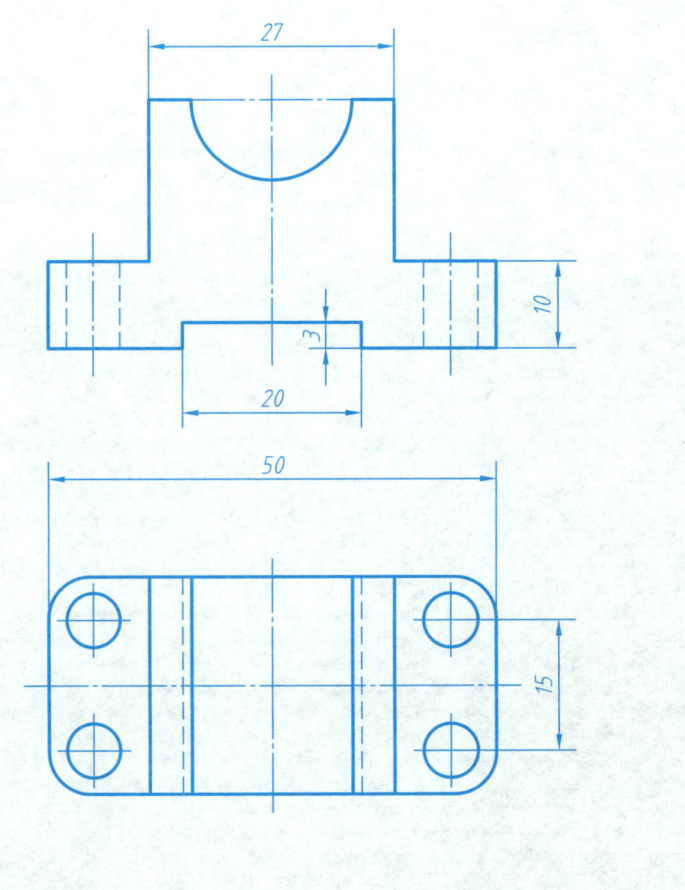

27

10

3

20

50

15

（3）漏5个尺寸

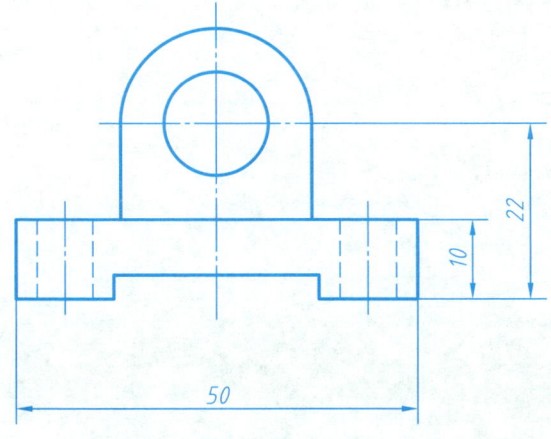

（4）漏4个尺寸

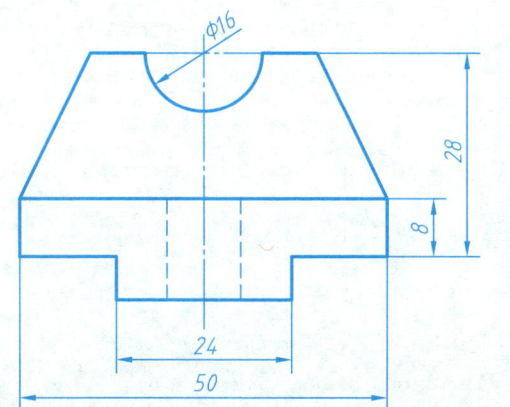

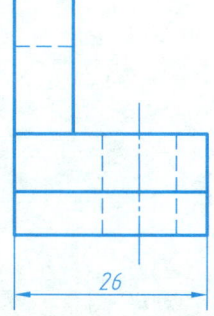

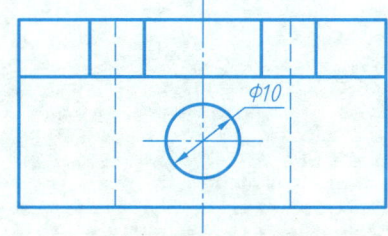

（5）漏4个尺寸

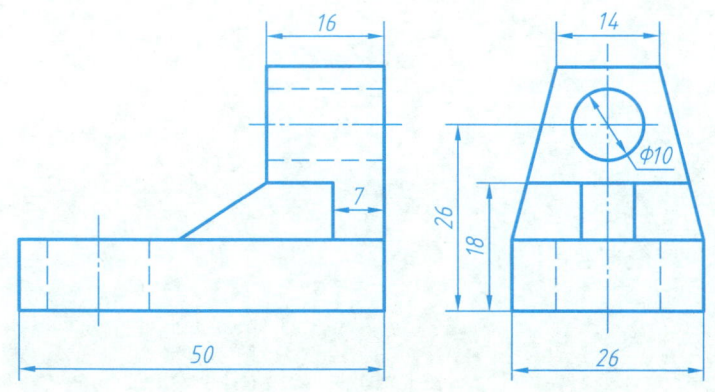

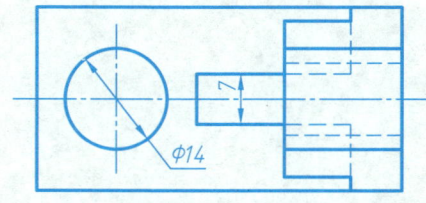

（6）漏4个尺寸

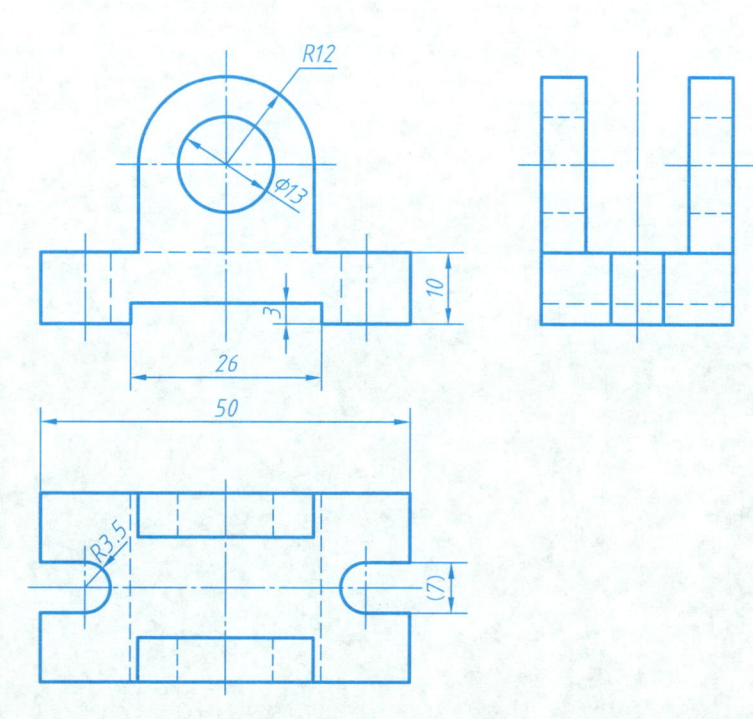

3.标注组合体尺寸,尺寸数值按1:1从图中量取整数。

(1)　　　　　　　　　　　　　　　　(2)

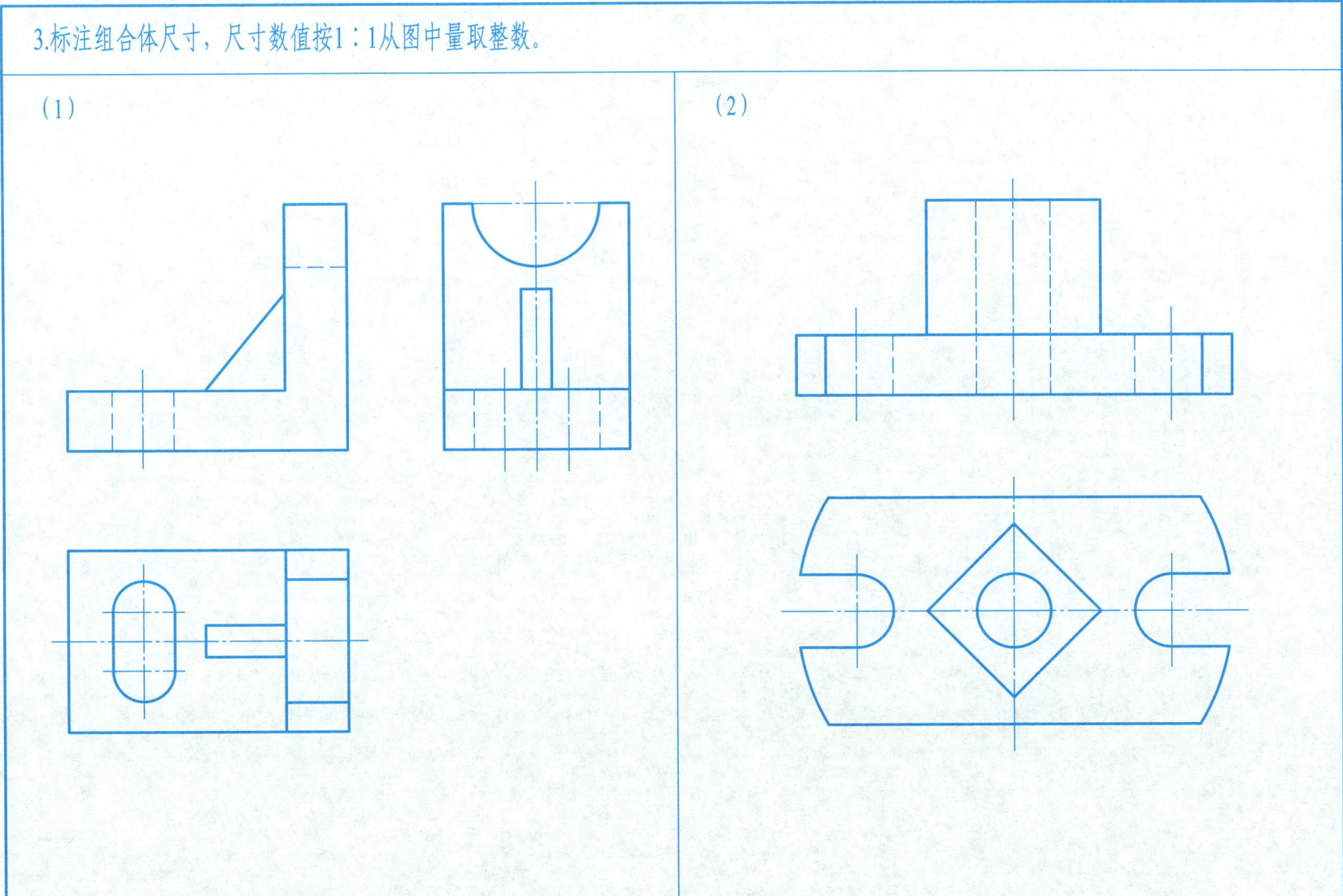

1.根据轴测图按1∶1的比例画出组合体三视图,并标注尺寸。

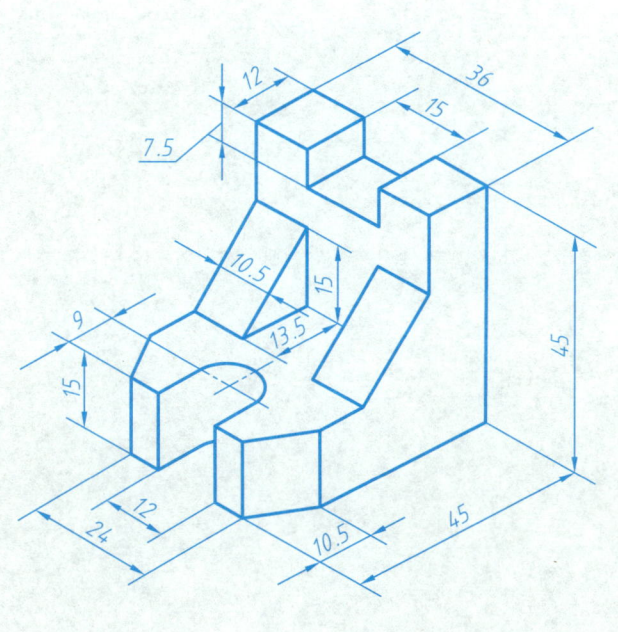

2.根据轴测图在A3图纸上画出组合体的三视图(未注孔深的孔均为通孔)，并标注尺寸(可用计算机绘图完成)。

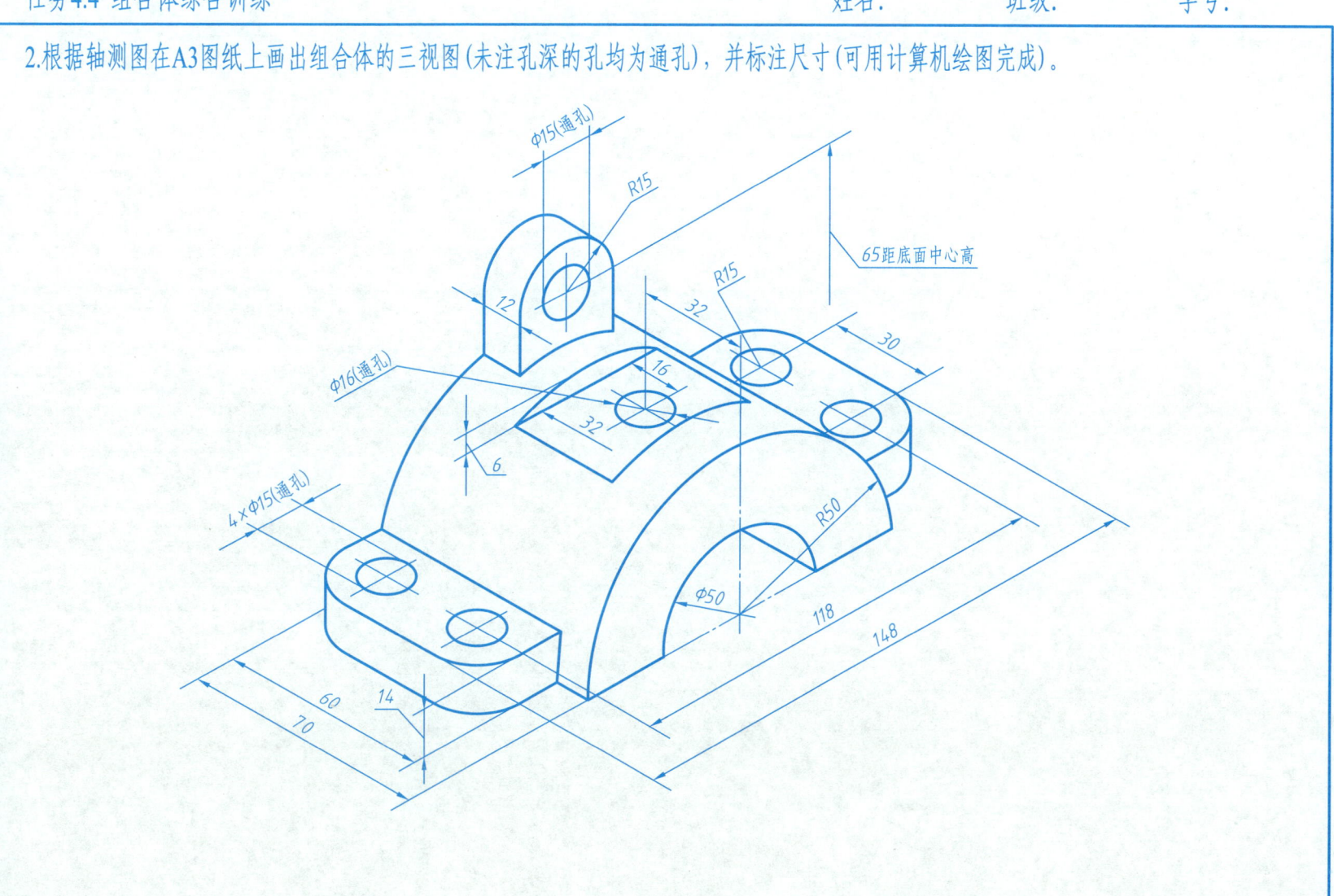

3.根据轴测图在A3图纸上画出组合体的三视图(未注孔深的孔均为通孔)，并标注尺寸(可用计算机绘图完成)。

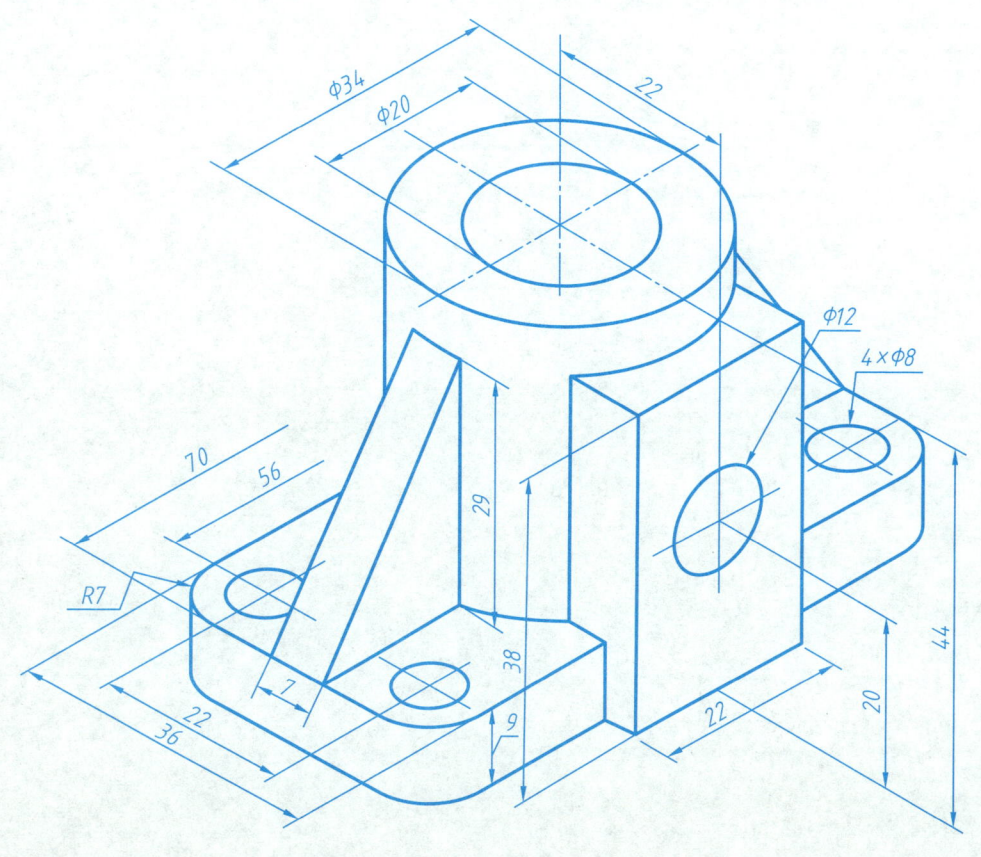

4.根据轴测图在A3图纸上画出组合体的三视图(未注孔深的孔均为通孔)，并标注尺寸(可用计算机绘图完成)。

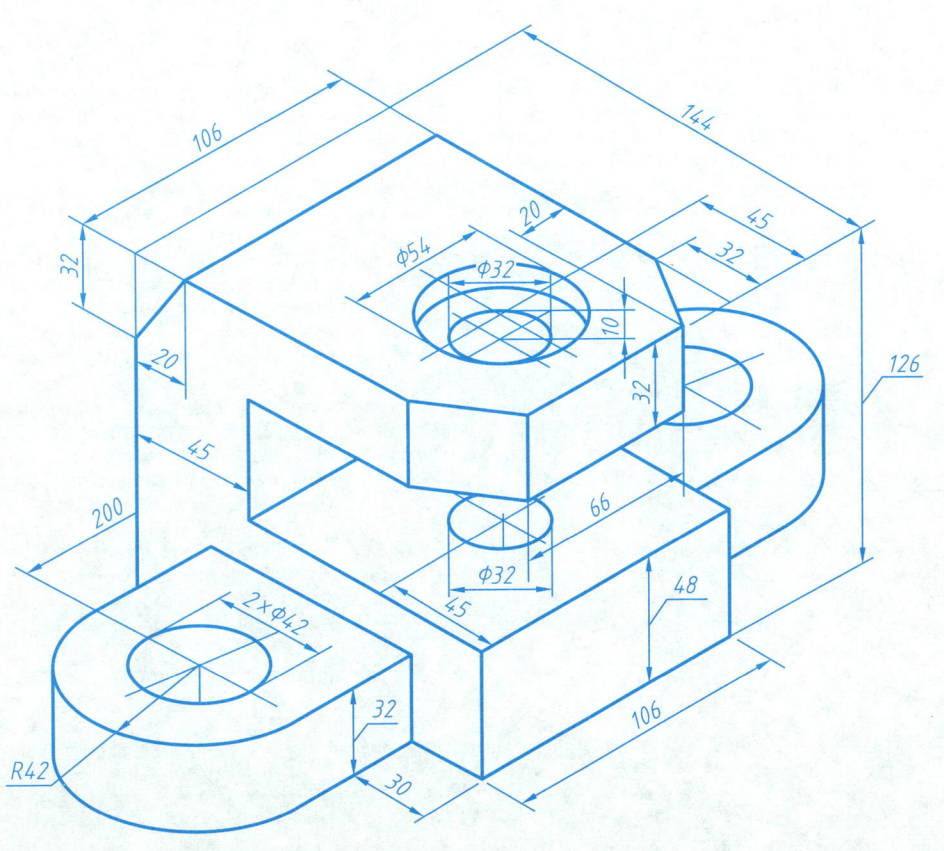

项目五

轴测图的绘制

任务5.1 正等轴测图的绘制　　　　　　　　　　　姓名：　　　　班级：　　　　学号：

求作给定三视图的正等轴测图。

（1）　　　　　　　　　　　（2）　　　　　　　　　　　（3）

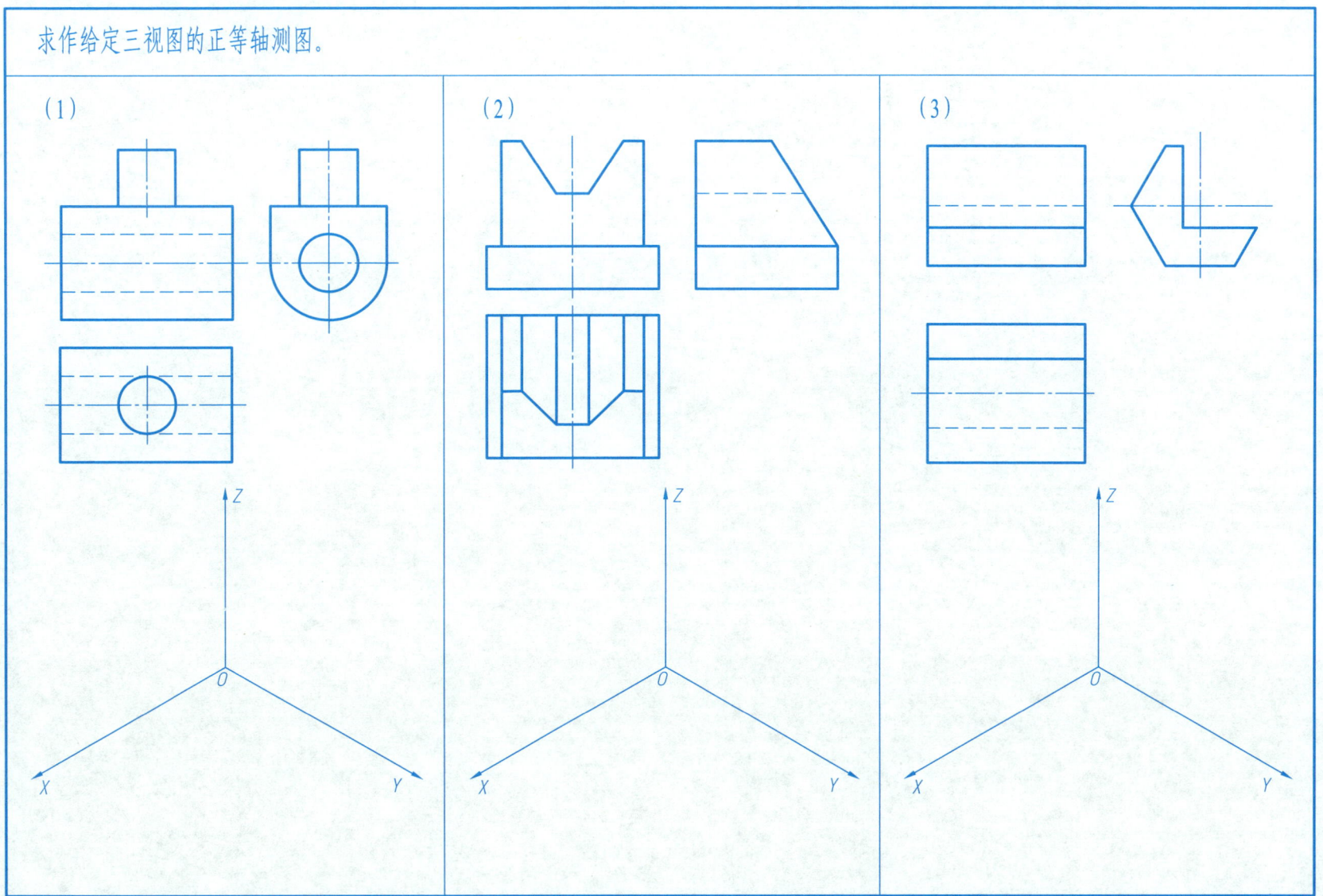

求作给定三视图的斜二轴测图。

项目六

图样的基本表达方法

1.已知机件的主视图、俯视图、左视图和轴测图，请补全机件的其他基本视图。

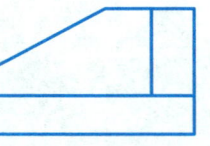

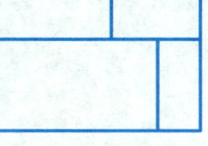
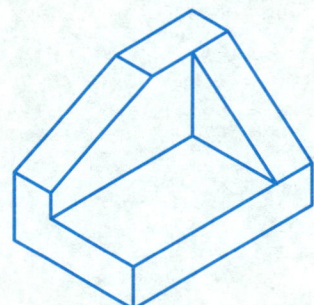

2.已知机件的主视图、俯视图和左视图，请补全机件的其他基本视图。

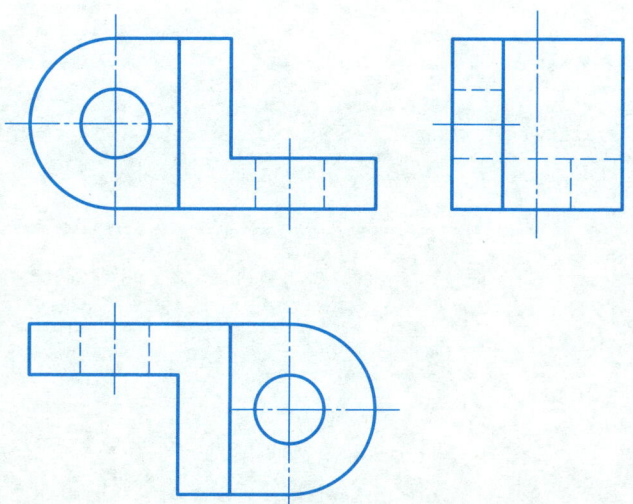

3.已知机件的主视图、俯视图、左视图、轴测图和箭头方向，请在指定位置绘制出A、B、C向视图。

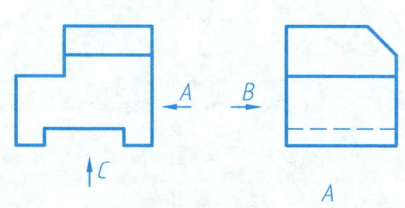

C

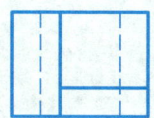

A

B

4.已知机件的主视图、俯视图、左视图和箭头方向，请在合适的位置绘制出A、B、C向视图。

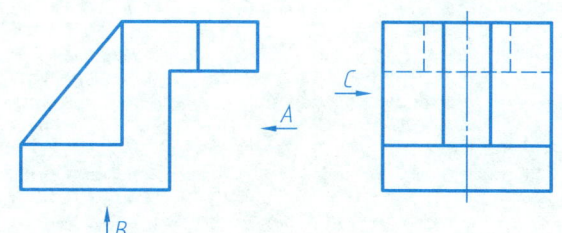

B

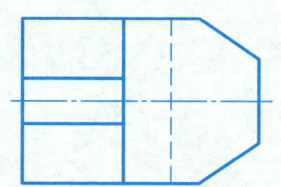

5.已知机件主视图和俯视图，请在指定位置画出机件的A向局部视图及B向视图。

A

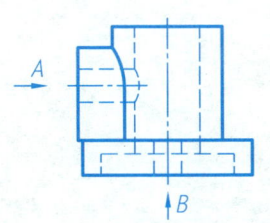

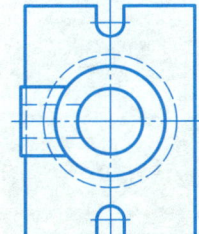

B

6.已知机件主视图和左视图，请在适当位置画出机件的A向局部视图。

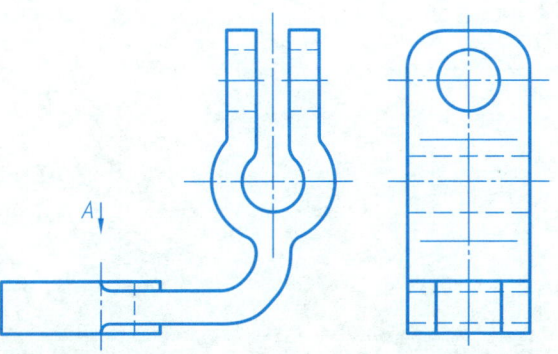

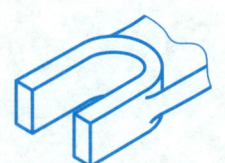

7.已知机件主视图和俯视图，请在合适的位置画出机件的*A*向斜视图。

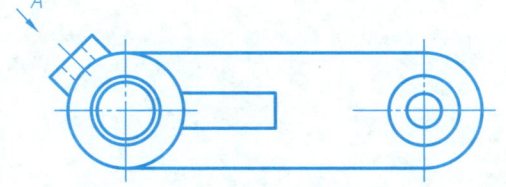

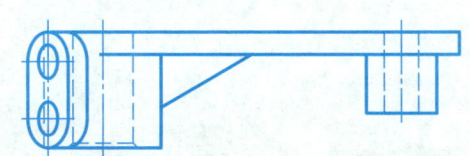

8.已知机件主视图和俯视图，请在合适位置画出机件的*B*向斜视图。

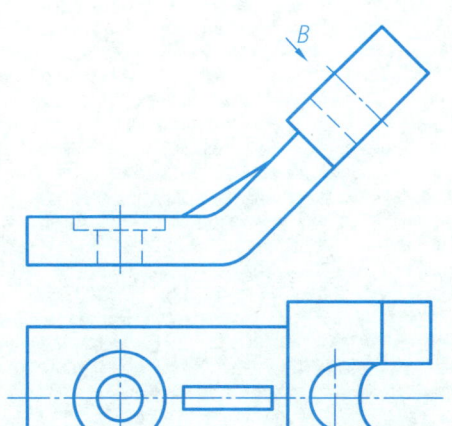

1.补画主视图中漏画的图线。

（1）

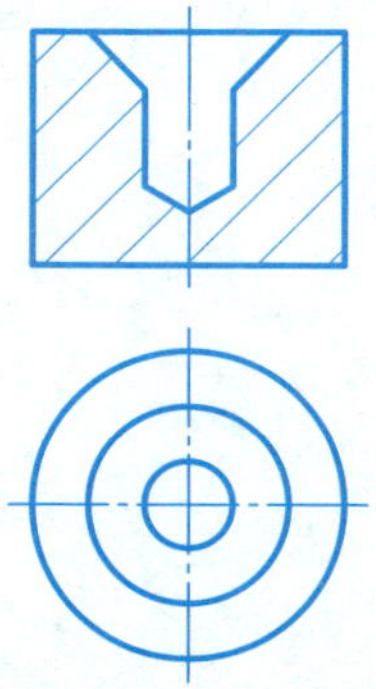

（2）

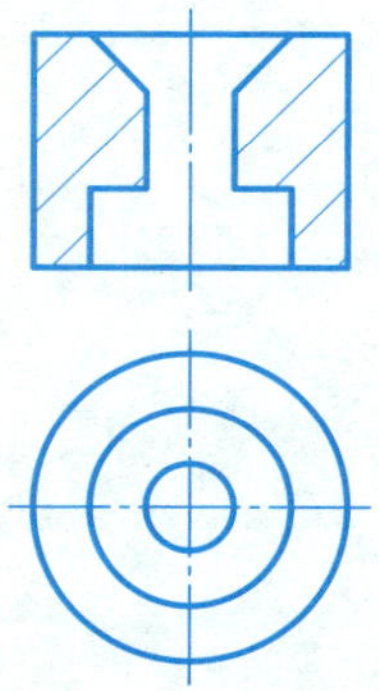

（3）

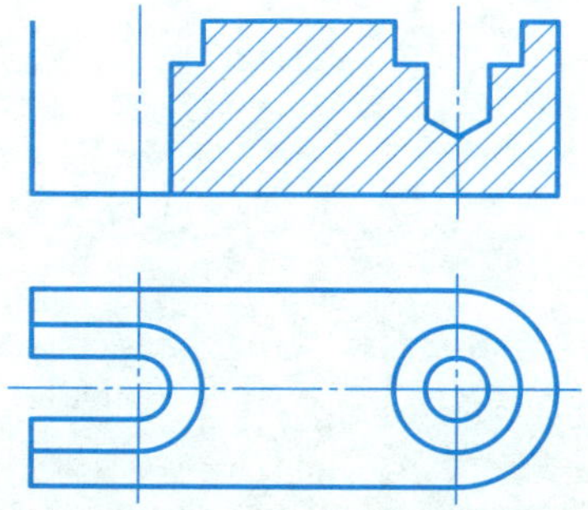

（4）

（5）

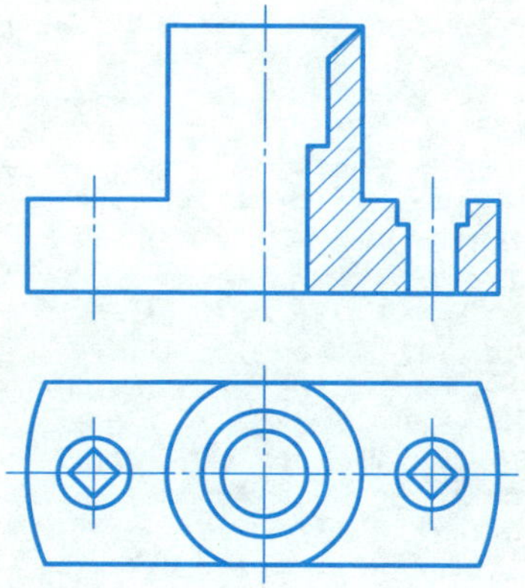

（6）

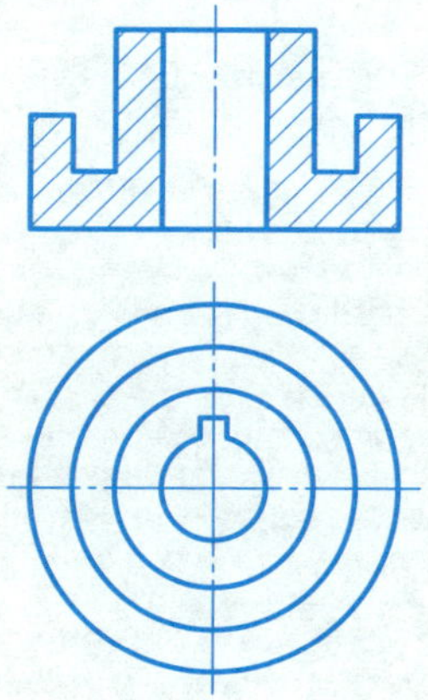

2.在指定位置将主视图改画成全剖视图。

（1）

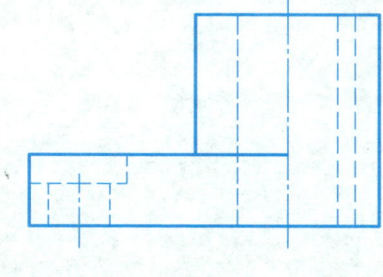

（2）

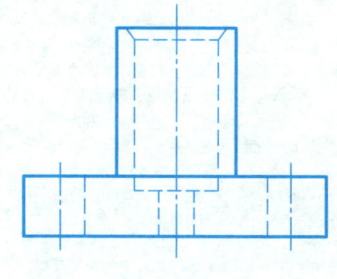

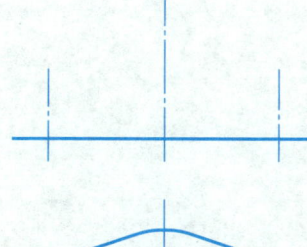

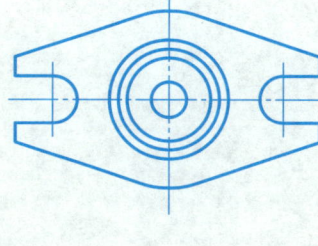

（3）

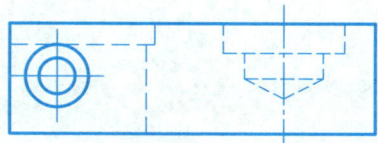

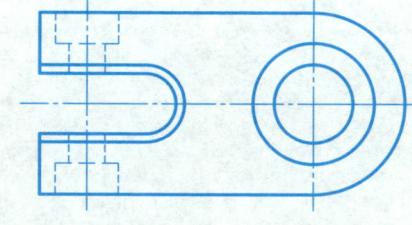

3.在指定位置将主视图改画成半剖视图。

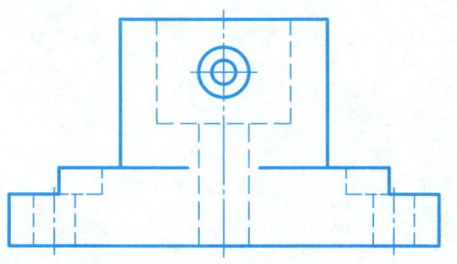

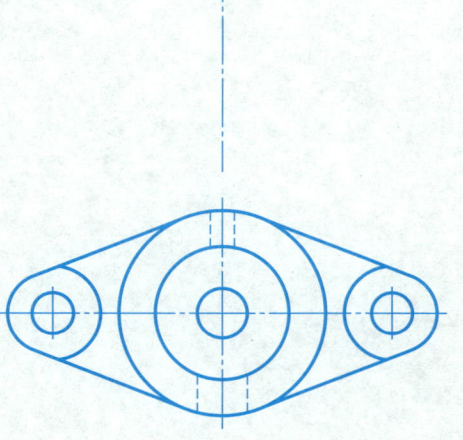

4.在指定位置将主视图改画成半剖视图,并将左视图绘制成全剖视图。

（1）

（2）

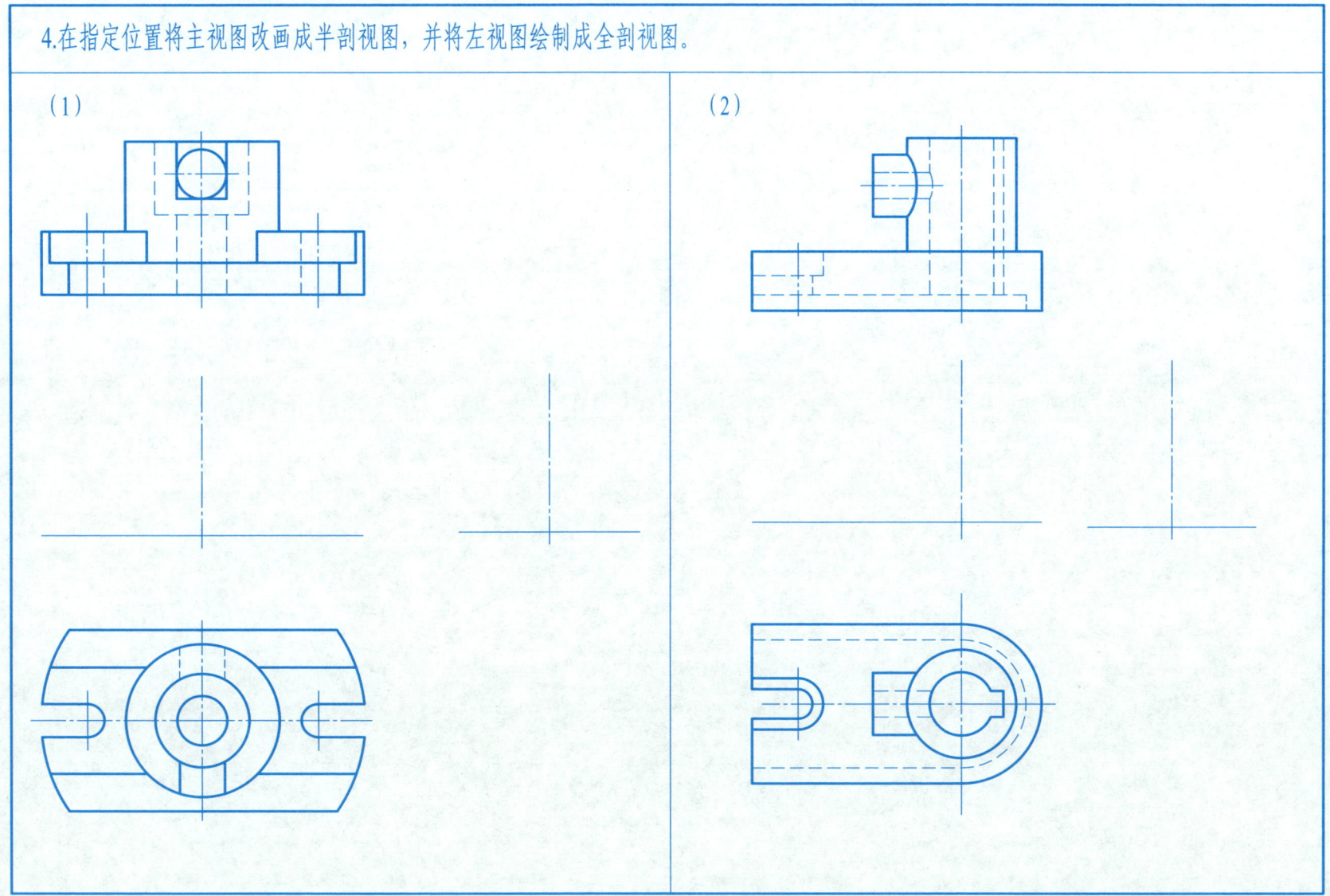

5.在原视图适当的位置将视图改作局部剖视图。

（1）

（2）

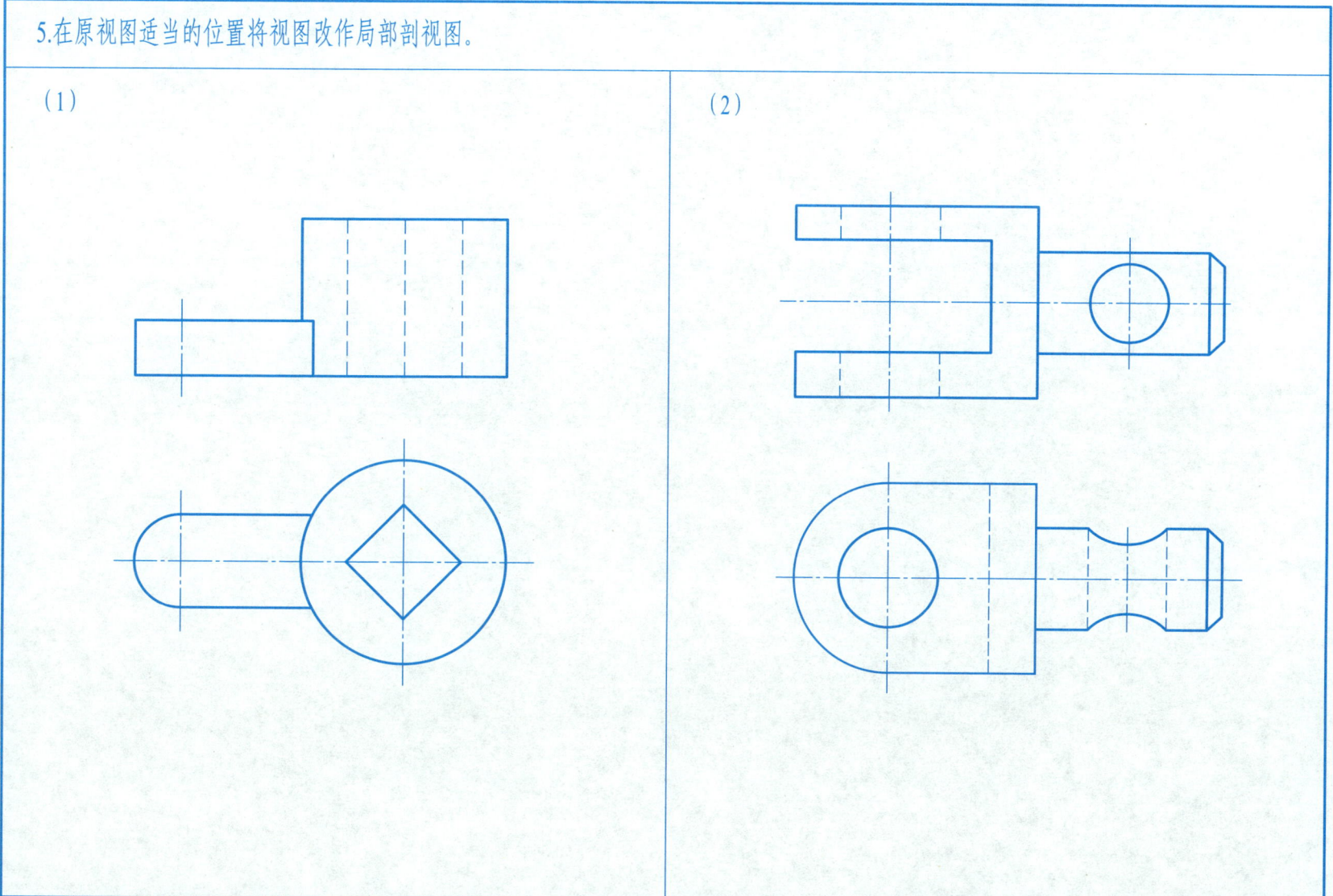

6.在原视图适当的位置将视图改作局部剖视图。

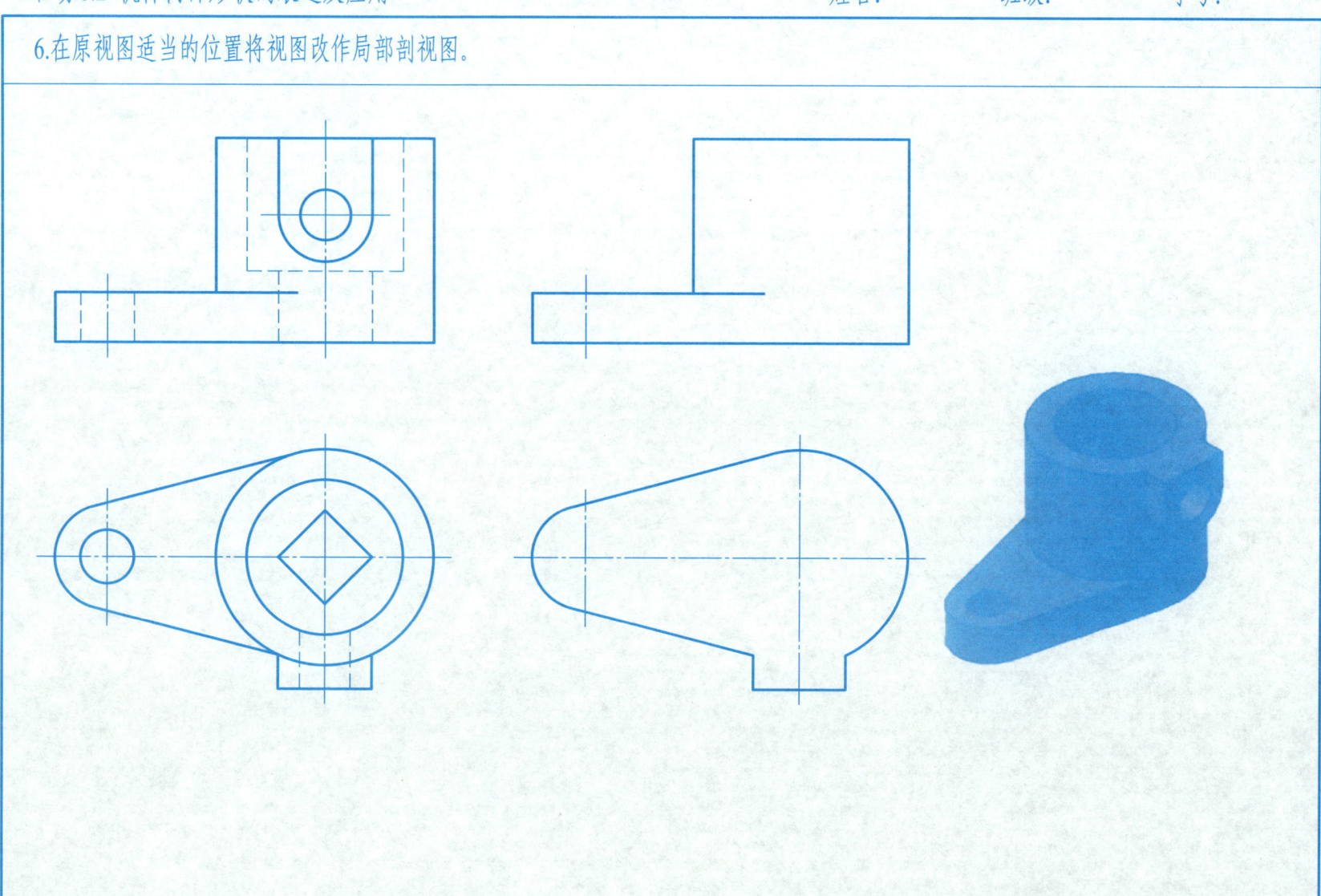

7.分析图中的错误，请按照1∶1的比例在右侧空白区域作出正确的局部剖视图。

(1)

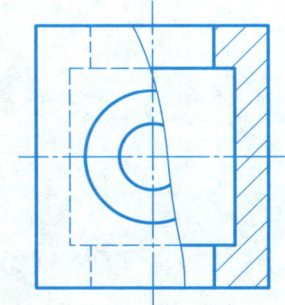

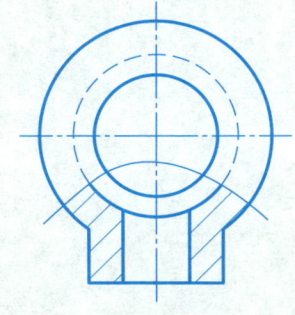

(2)

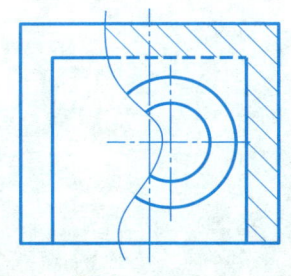

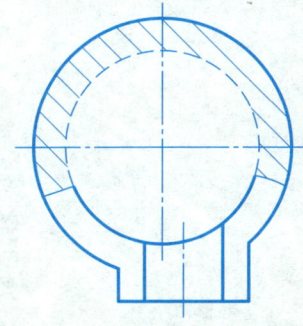

8.在指定位置将机件的主视图改为旋转剖视图。

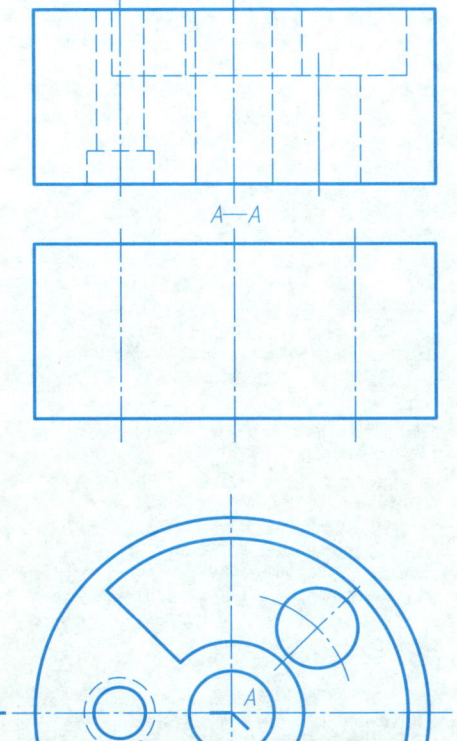

9.在指定位置将机件的主视图改为阶梯剖视图。

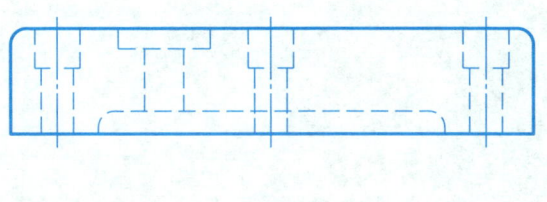

A—A

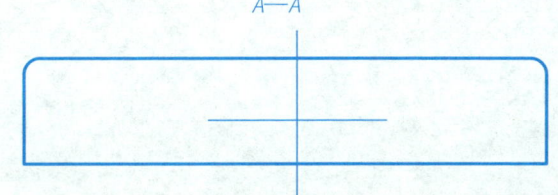

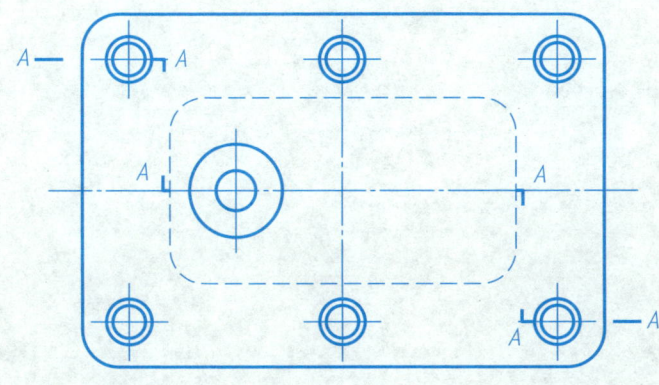

10.在指定位置画出移出断面图(左边键槽深4 mm)。

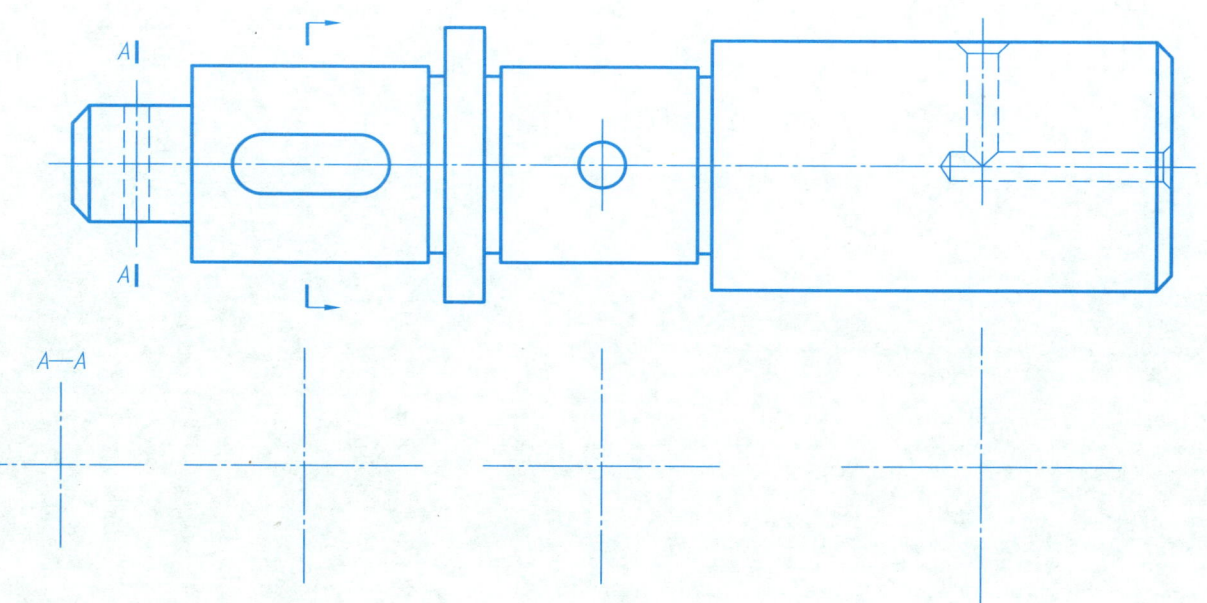

11.选出正确的移出断面图，并在括号内用"√"标出。

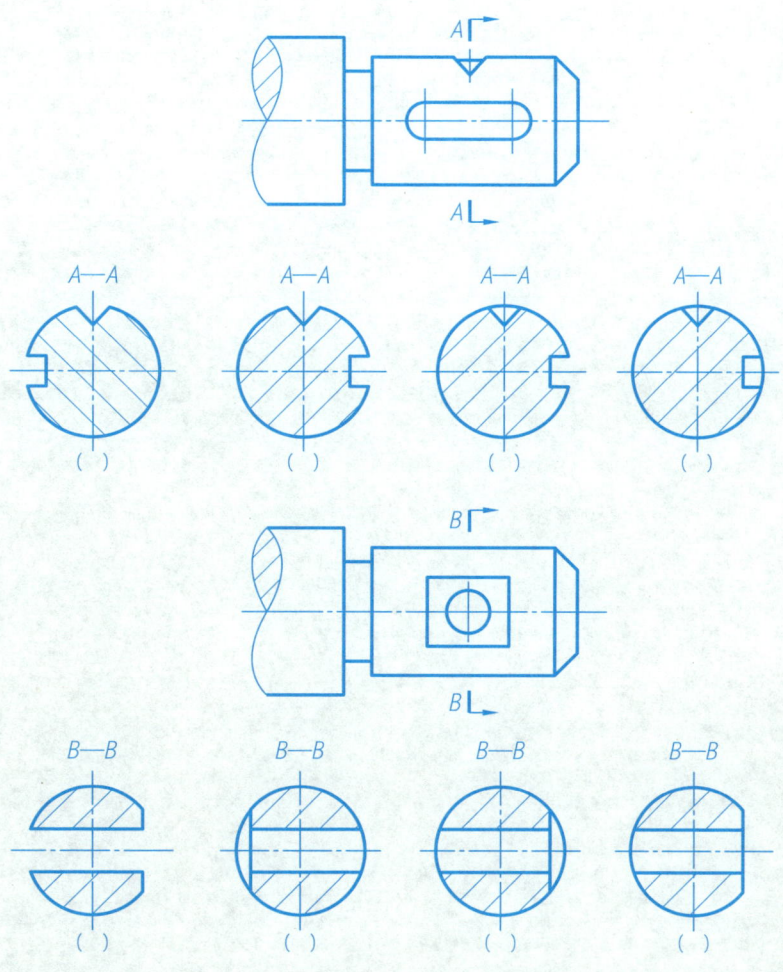

12.在适当的位置作移出断面图。

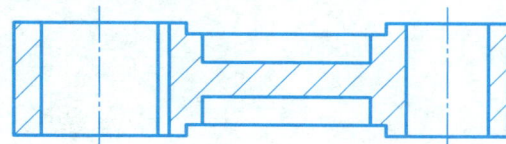

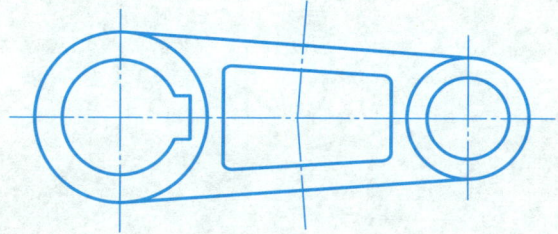

13.图1为机件主视图和左视图，在图2中将其改画为重合断面图。

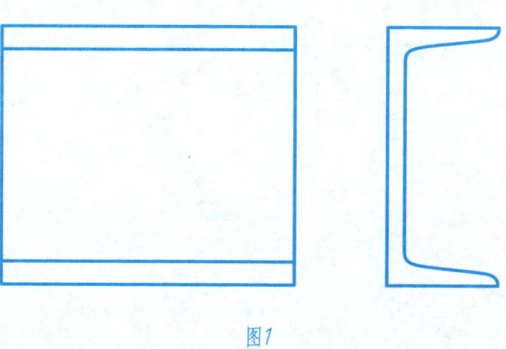

图1

图2

1.按规定画法，在指定位置画出正确的全剖主视图(注意肋板的画法)。

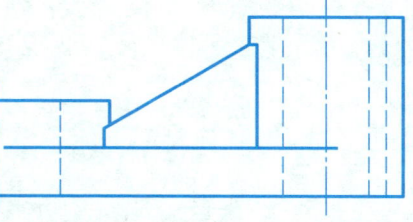

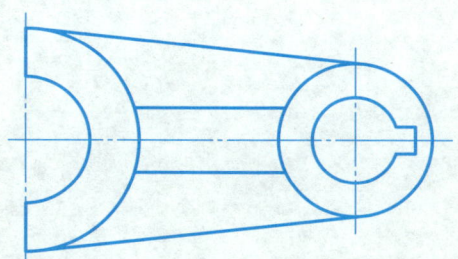

2.按规定画法，在指定位置画出正确的全剖主视图(注意均匀分布的肋板和孔的画法)。

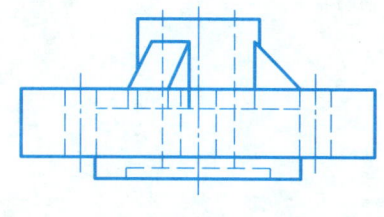

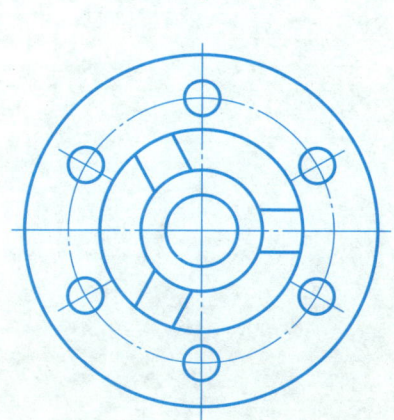

1.机件表达方法综合应用。

　　根据所给两个视图，想出机件的形状，补画第三视图并标注尺寸。

　　要求：

　　①需在画图、看图的基础上，灵活运用机件的各种表达方法对视图作适当的剖视，将机件表达清楚，使图形清晰；

　　②尺寸标注要正确、完整，尺寸数值从图中量取并取整数。

　　提示：

　　①在视图上标注尺寸(数值由图中量取，并取整数)

　　②根据自己标注的尺寸，按1∶1画出机件剖视图的底稿，经检查无误，再描深、标注尺寸。

　　③标题栏的名称填"机件的剖视图"，比例栏填1∶1。

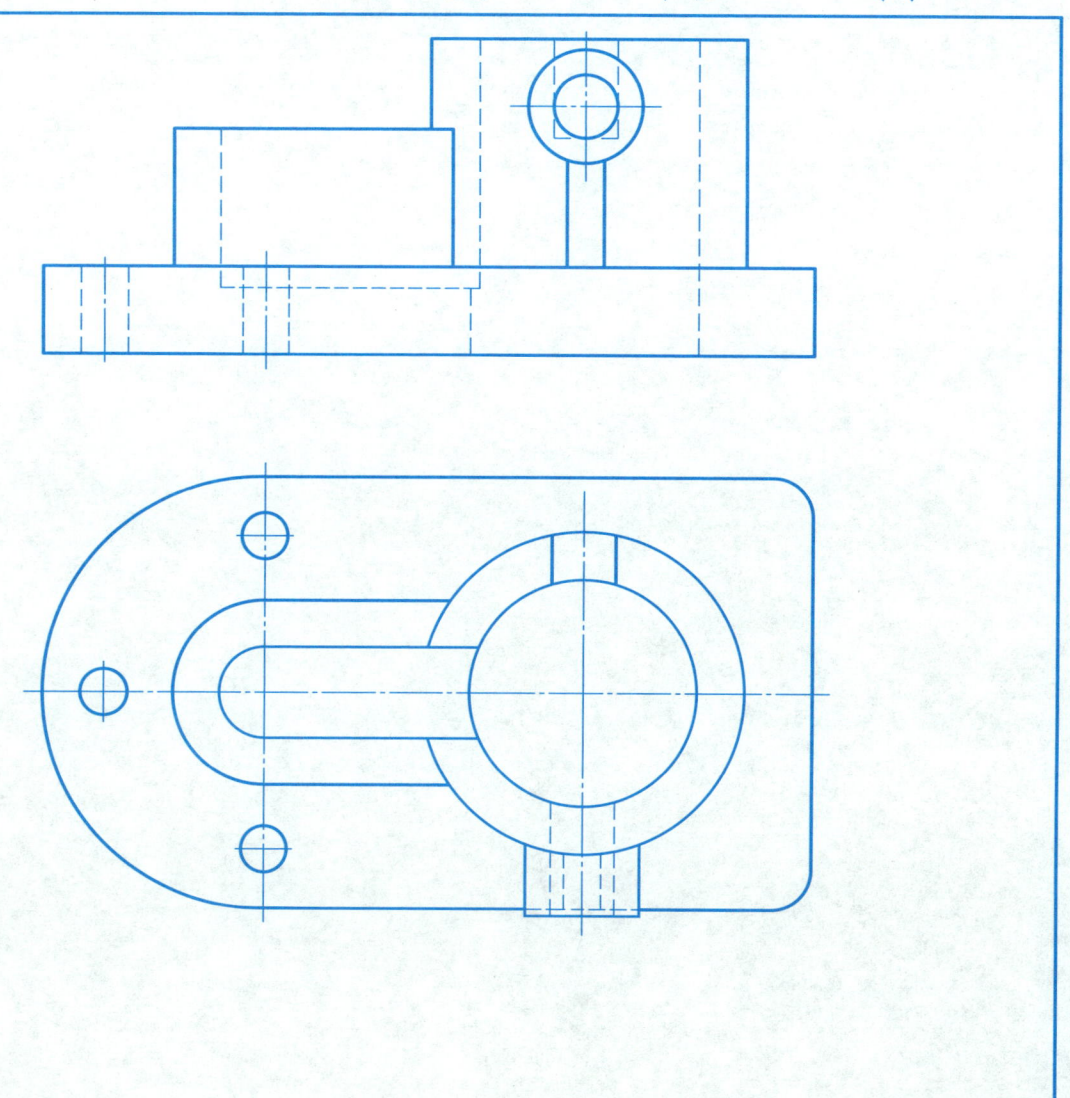

2.根据主、右视图，用第三角画法绘制左、俯、仰、后视图。

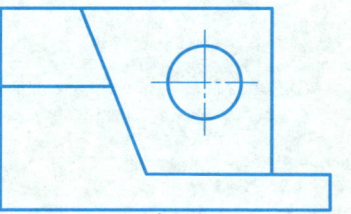

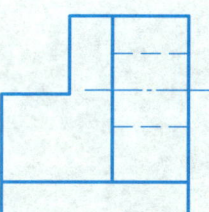

项目七

标准件与常用件的绘制

1.补漏线,并标注图中粗牙普通螺纹的标记和长度(尺寸由图中量取后取整)。

(1)

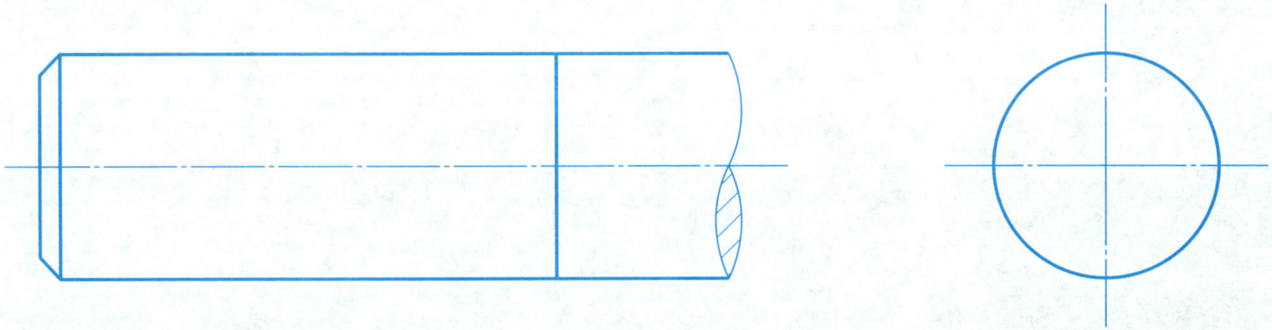

(2)

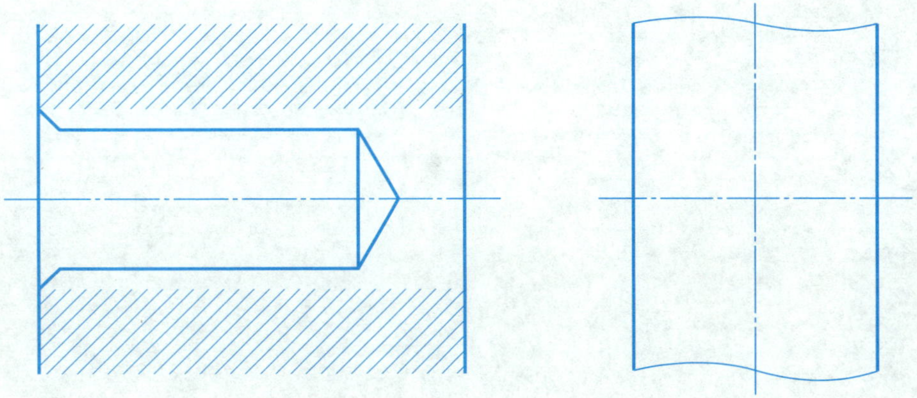

2.解释螺纹标记的意义。

（1）

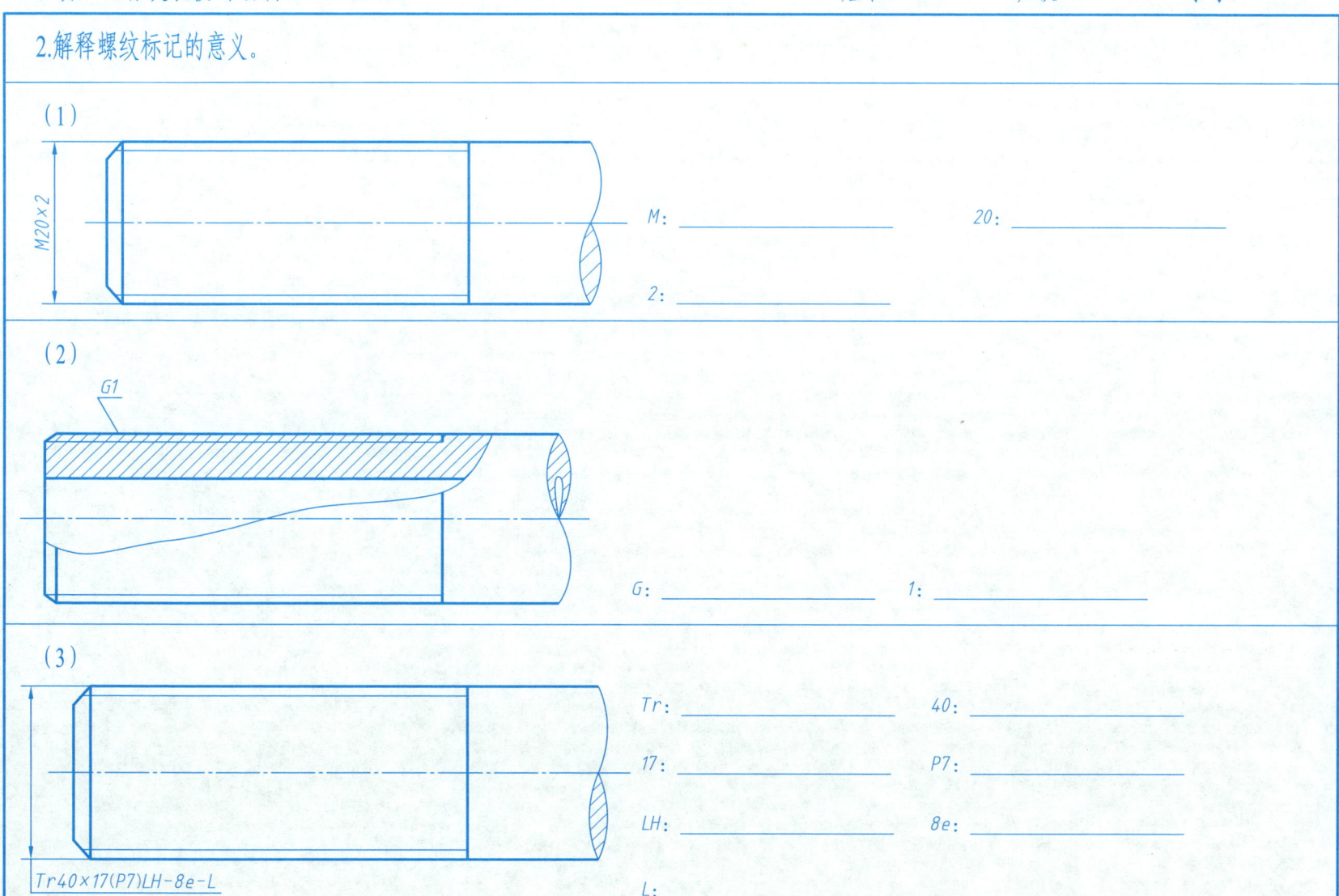

M:_____　　　20:_____

2:_____

（2）

G:_____　　　1:_____

（3）

Tr:_____　　　40:_____

17:_____　　　P7:_____

LH:_____　　　8e:_____

L:_____

Tr40×17(P7)LH-8e-L

3.分析螺纹画法中的错误，在右侧画出正确的视图。

（1）

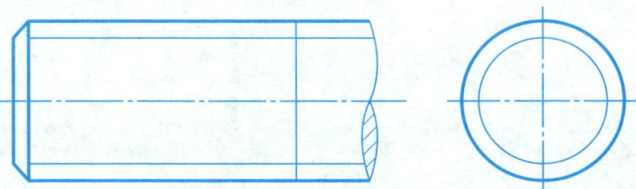  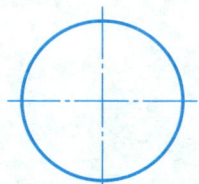

（2）

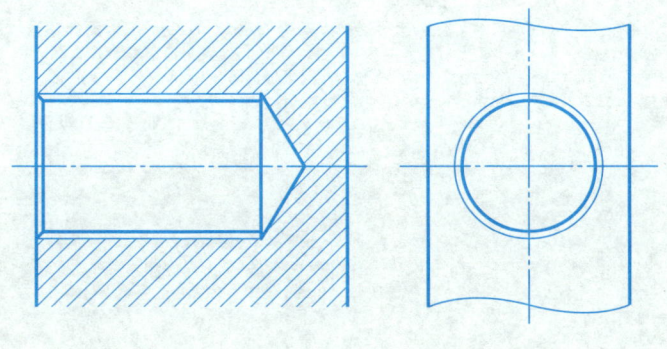 

（3）

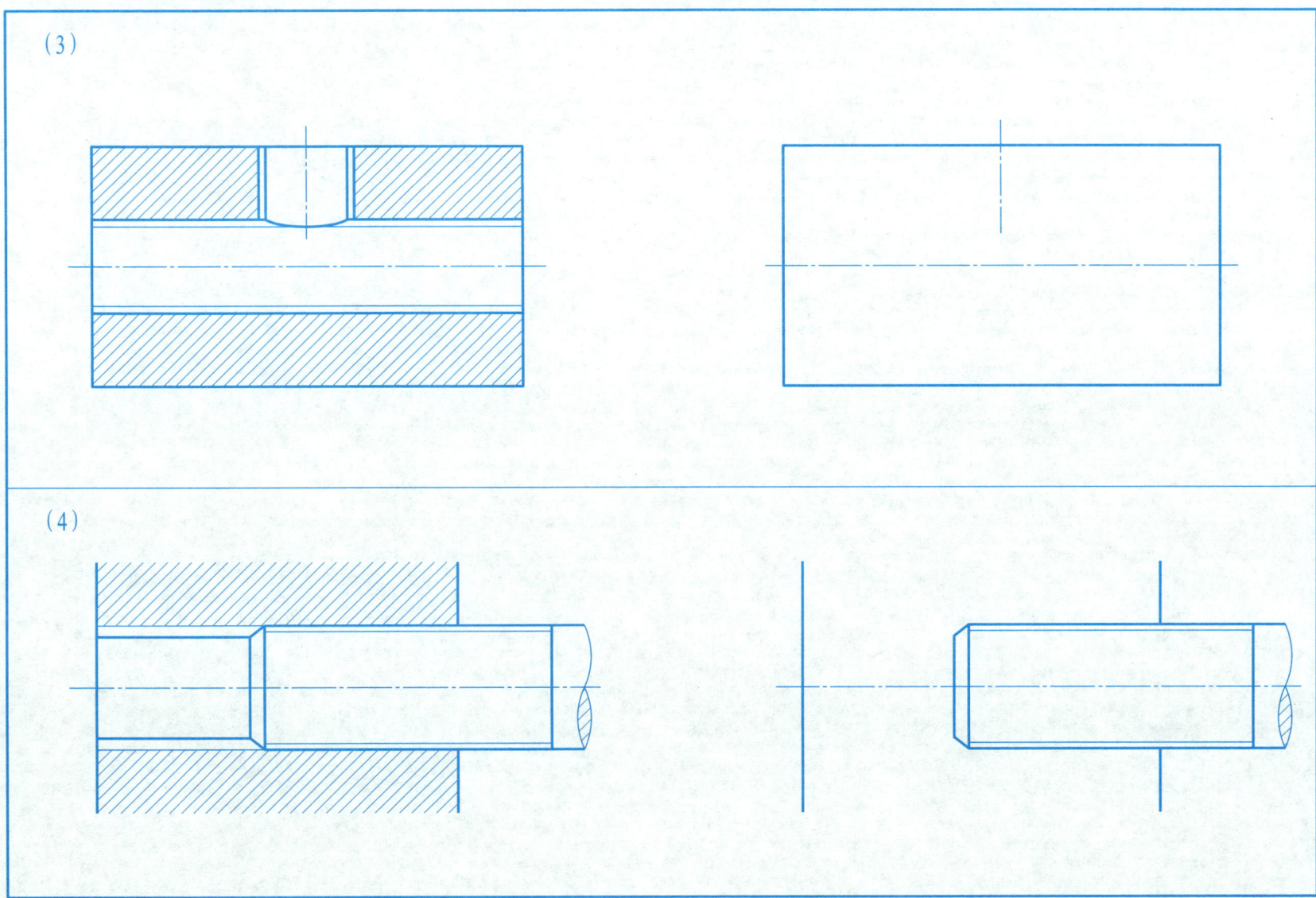

（4）

1.采用比例画法，画出螺栓联接的装配图(被联接板的厚度从图中按1∶1的比例直接量取)。

（1）螺栓GB/T 5782—2016 M16×*L*(*L*计算后取标准值)

（2）螺母GB/T 6170—2015 M16

（3）垫圈GB/T 97.4—2002 16

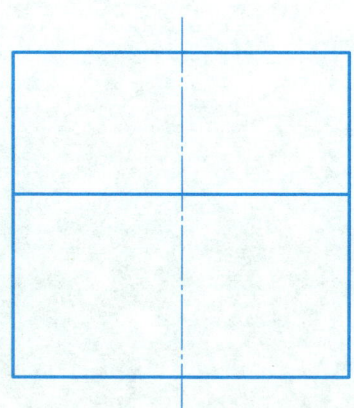

2.完成螺钉联接的装配图。

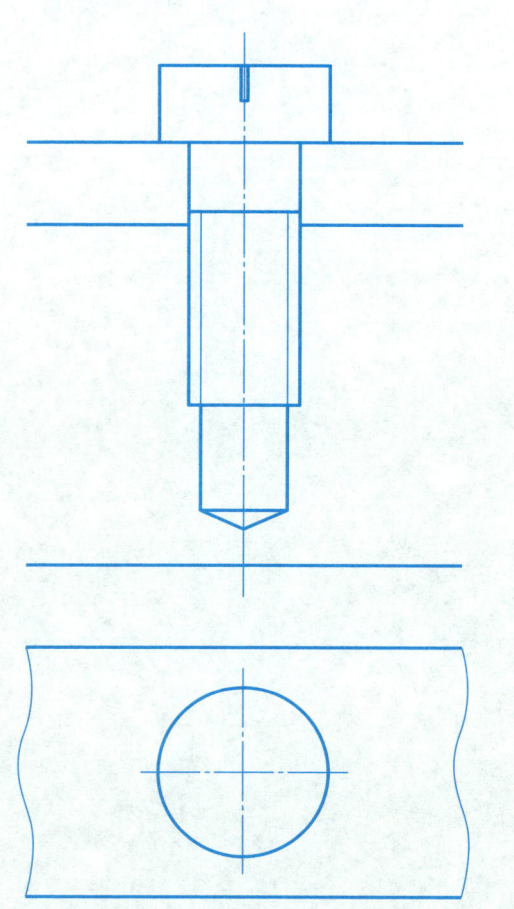

3.采用简化画法,画出螺柱联接的装配图(被联接板的厚度从图中按1:1的比例直接量取)。

(1)螺柱GB/T 899—1988 M20×L(L计算后取标准值)

(2)螺母GB/T 6170—2015 M20

(3)垫圈GB/T 93.2—1987 20

(4)机座材料: 钢

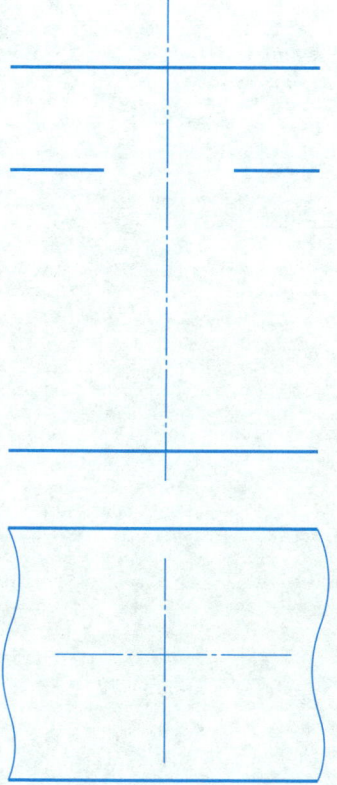

4.完成双头螺柱联接的装配图(按比例画法,画出螺纹孔深度和钻孔深度)。

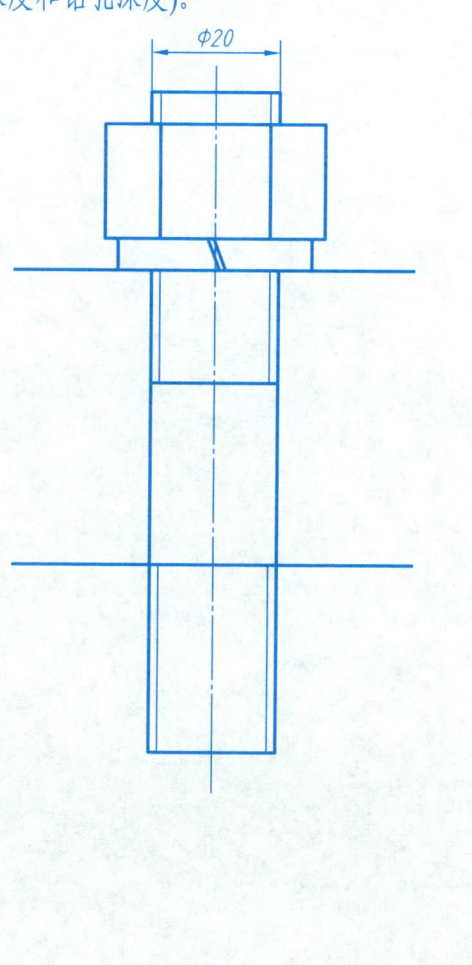

1.补全直齿圆柱齿轮的主视图和左视图，并标注尺寸(模数m=3 mm，齿数z=34)。

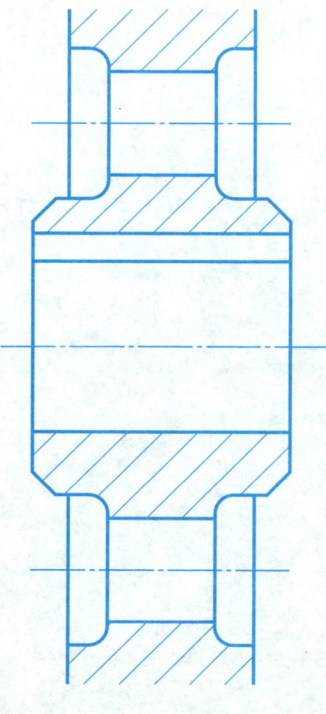

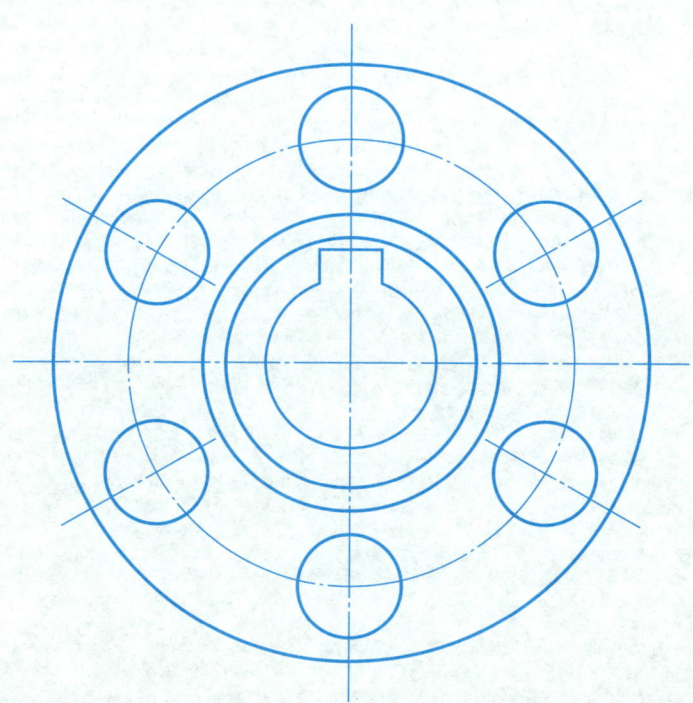

2.补全直齿圆柱齿轮的主视图和左视图(模数m=3 mm，齿数z_1=34，z_2根据1：1的比例测量中心距所得值计算，并取整)。

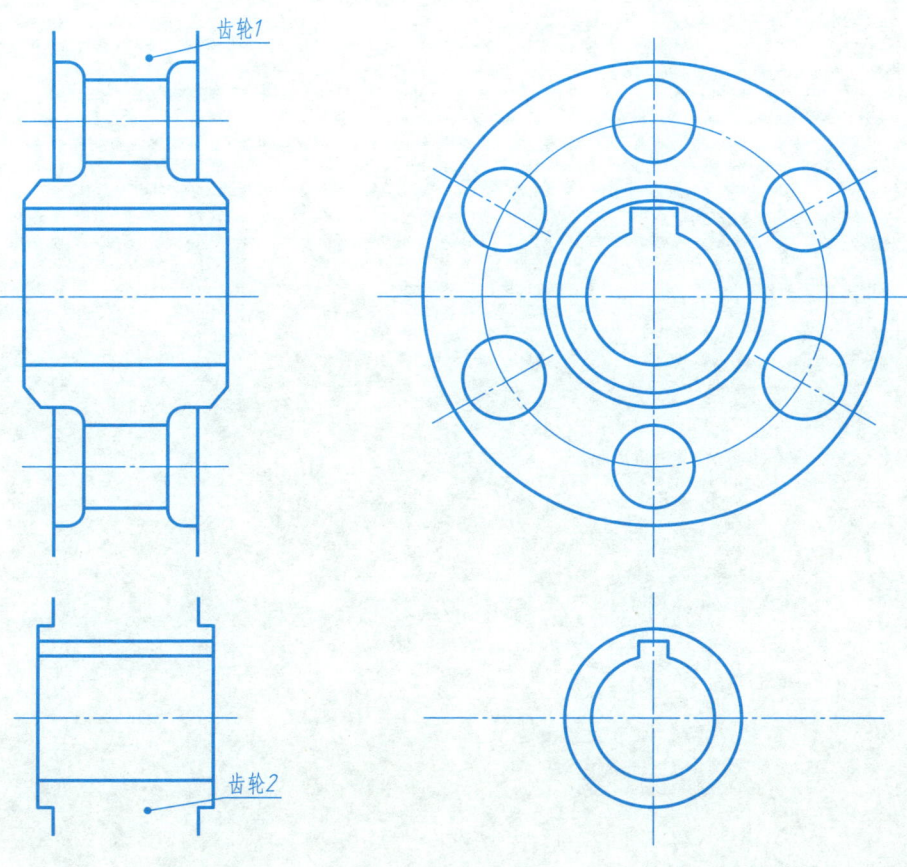

齿轮1

齿轮2

3.补全直齿锥齿轮的主视图和左视图(模数m=3 mm)。

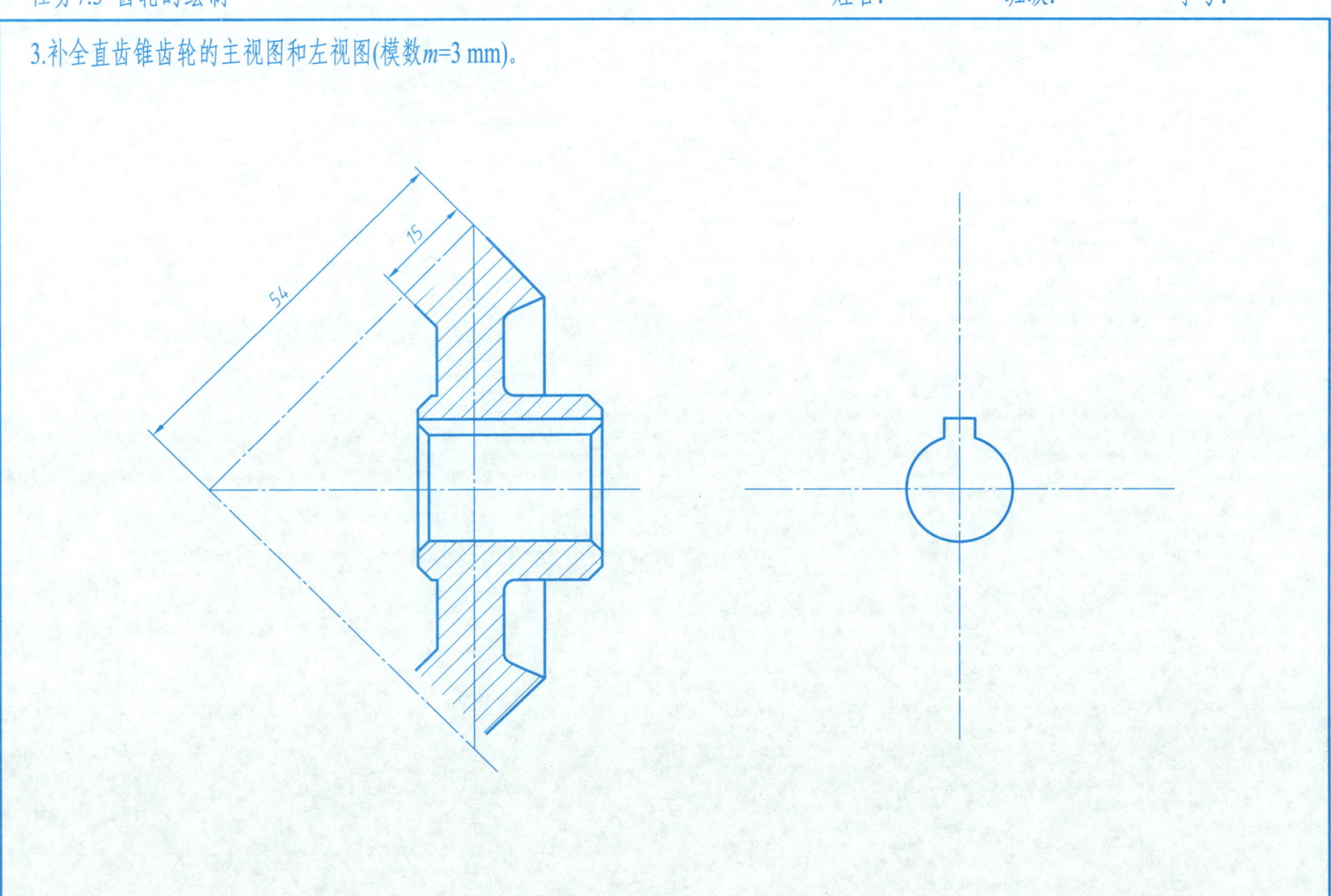

1.查表画出轴和轴孔上的键槽(键槽的宽度从图上量取)，并标注键槽尺寸。

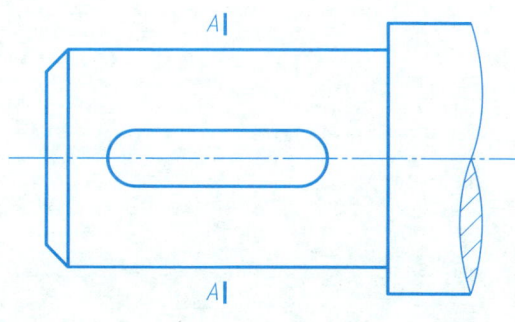

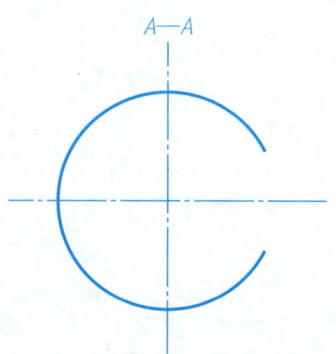

A—A

2.画出上题中的键联接的装配图。

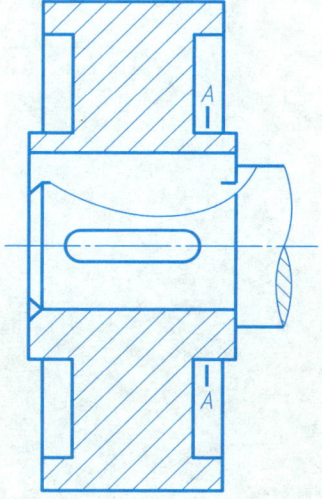

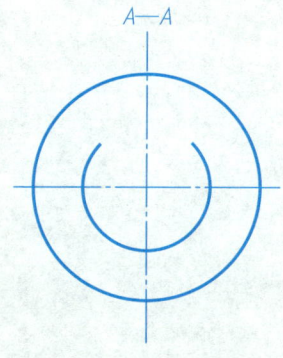

A—A

1.检查轴承规定画法和通用画法中的错误，在右侧画出正确的视图。

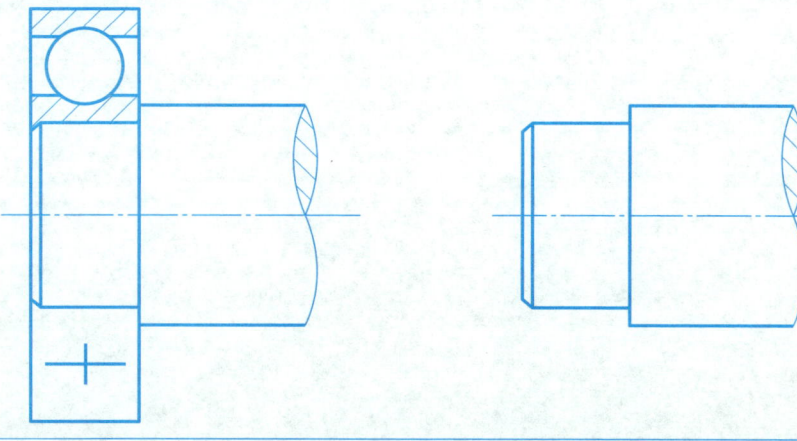

2.画出装配图中的角接触球轴承(GB/T 292—2007)，一边用规定画法，一边用通用画法。

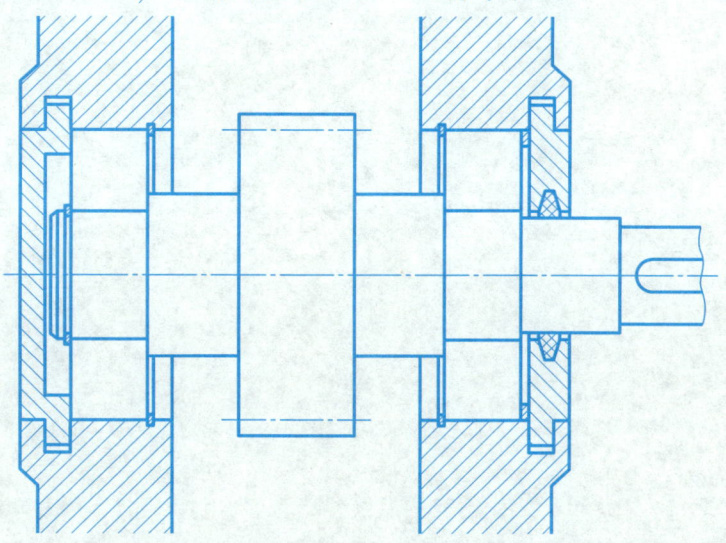

画出圆柱螺旋压缩弹簧的全剖视图,并标注尺寸。其主要参数为:外径为ϕ60 mm,材料直径为ϕ8 mm,节距为15 mm,有效圈数为7.5,总圈数为10,右旋。

项目八

零件图的识读与绘制

1.按表中给定的极限偏差数值，查表求得尺寸公差代号，在图中标注相应的公差代号及尺寸公差。

序号	标注要素	上极限偏差/mm	下极限偏差/mm
1	Φ20外圆	0	−0.013
2	Φ30外圆	0	−0.021
3	Φ50外圆	−0.009	−0.071
4	Φ40孔径	−0.004	−0.02
5	键槽宽度6 mm	+0.006	−0.016
6	Φ40孔深10 mm	+0.015	−0.015

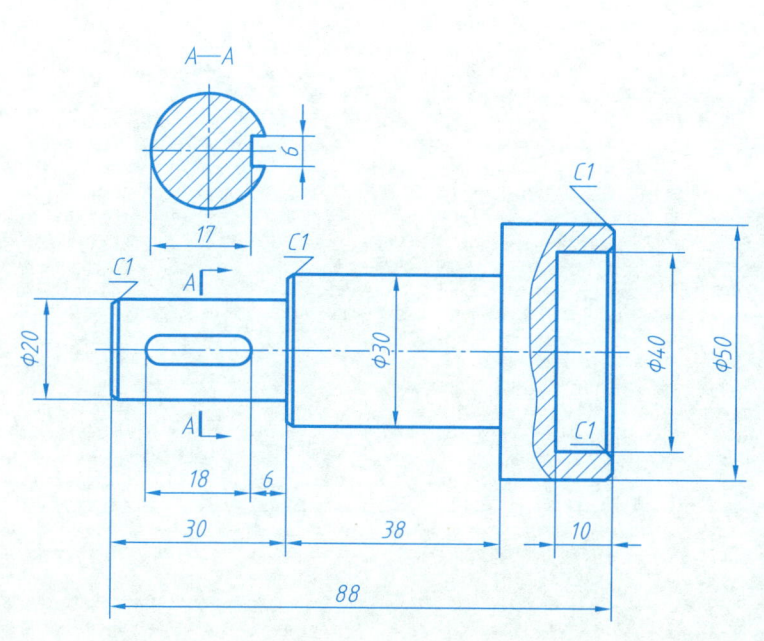

2.识读图样中的配合代号。

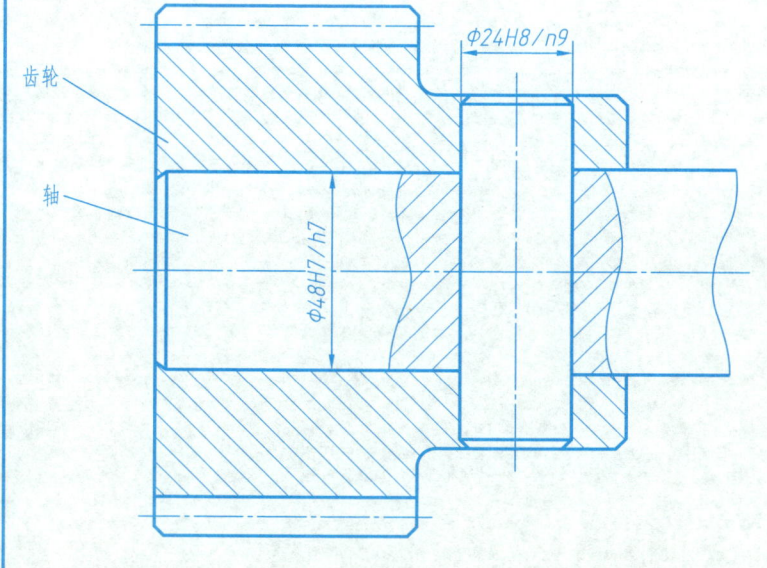

齿轮

轴

$\phi 24H8/n9$

$\phi 48H7/h7$

（1）$\phi 48H7/h7$的公称尺寸为_____，孔的公差等级为_____，该配合属于_____。

（2）$\phi 28H8/n9$表示公称尺寸为_____，公差代号为_____的孔与轴的配合，该配合属于_____配合。

3.识读图样中的几何公差。

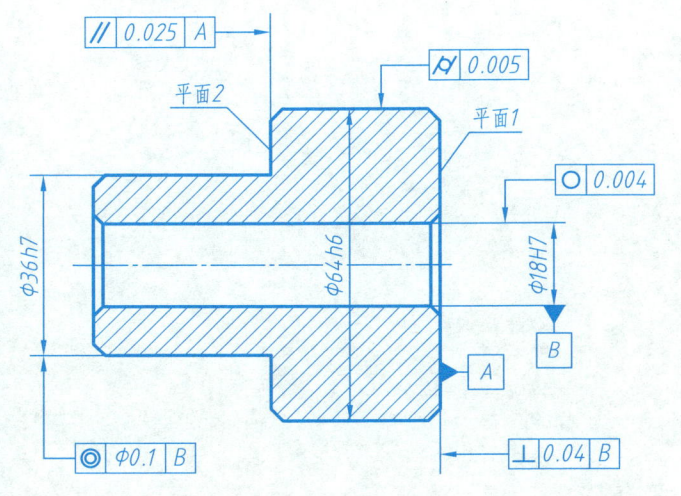

（1）‖ 0.025 A 的含义是：被测要素是_____，基准要素是_____，公差项目是_____。

（2）⊥ 0.04 B 的含义是：被测要素是_____，基准要素是_____，公差项目是_____。

（3）⌒ 0.005 的含义是：被测要素是_____，基准要素是_____，公差项目是_____。

（4）◎ Φ0.1 B 的含义是：被测要素是_____，基准要素是_____，公差项目是_____。

（5）○ 0.004 的含义是：被测要素是_____，基准要素是_____，公差项目是_____。

4.将下列几何公差要求标注在图样上。

（1）ϕ30圆柱面对ϕ20轴径的圆跳动公差为0.015。

（2）ϕ20轴径的圆度公差为0.01。

（3）ϕ30圆柱面左右两端面对ϕ20轴径的端面圆跳动公差为0.02。

（4）键槽的两侧面对ϕ30轴线的对称度公差为0.015。

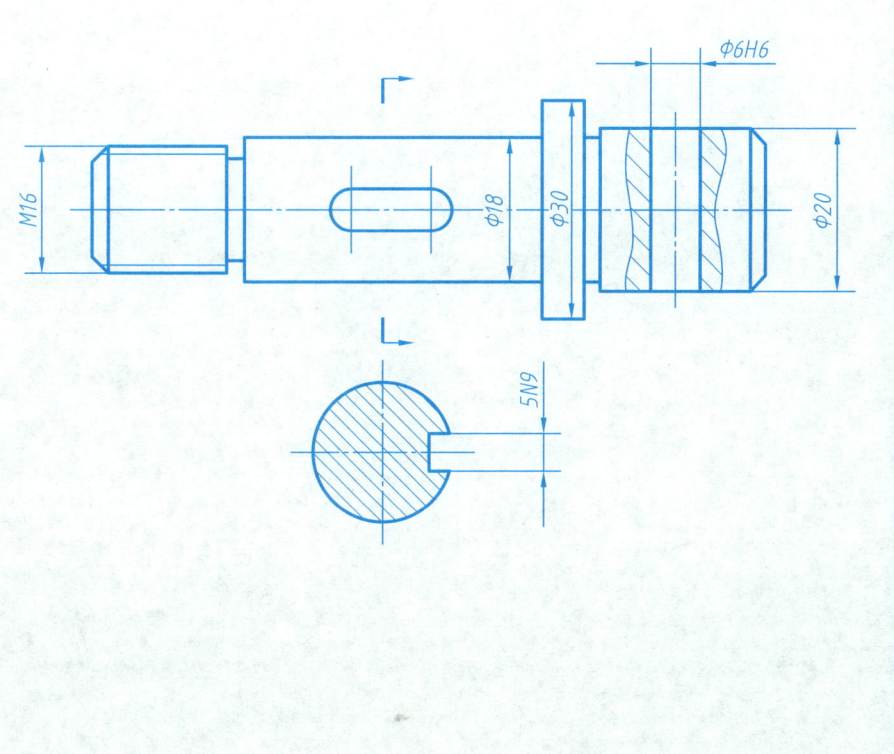

5.将表面粗糙度符号标注在图样上。

（1）用任何方法加工圆柱$\phi d3$，Ra最大允许值为3.2 μm。

（2）用去除材料的方法获得孔$\phi d1$，要求Ra最大允许值为3.2 μm。

（3）用去除材料的方法获得表面A，要求Ra最大允许值为3.2 μm。

（4）其余用去除材料的方法获得表面，要求Ra允许值均为25 μm。

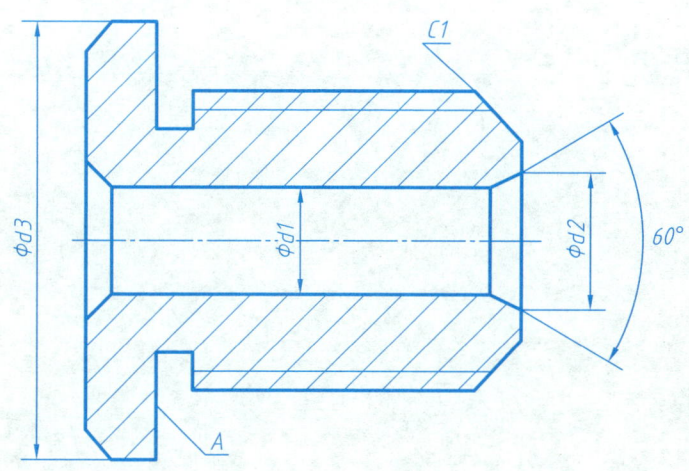

1.读零件图，并回答问题。

（1）该零件名称是_____，材料是_____，比例是_____。

（2）零件的最大轮廓尺寸是_____。

（3）零件上有_____个键槽，_____个销孔。

（4）图中所注几何公差 ◎ $\phi0.02$ A B 的含义是：被测要素为_____，基准要素为_____，此为_____公差，其值为_____。

（5）代号$\phi15h7$的公称尺寸为_____，基本偏差代号为_____，公差等级为_____，通过查表可知其上极限偏差为_____，下极限偏差为_____。

（6）$\phi30$外圆的表面结构代号是_____。

（7）在图中合适位置绘制$A—A$的移除断面图。

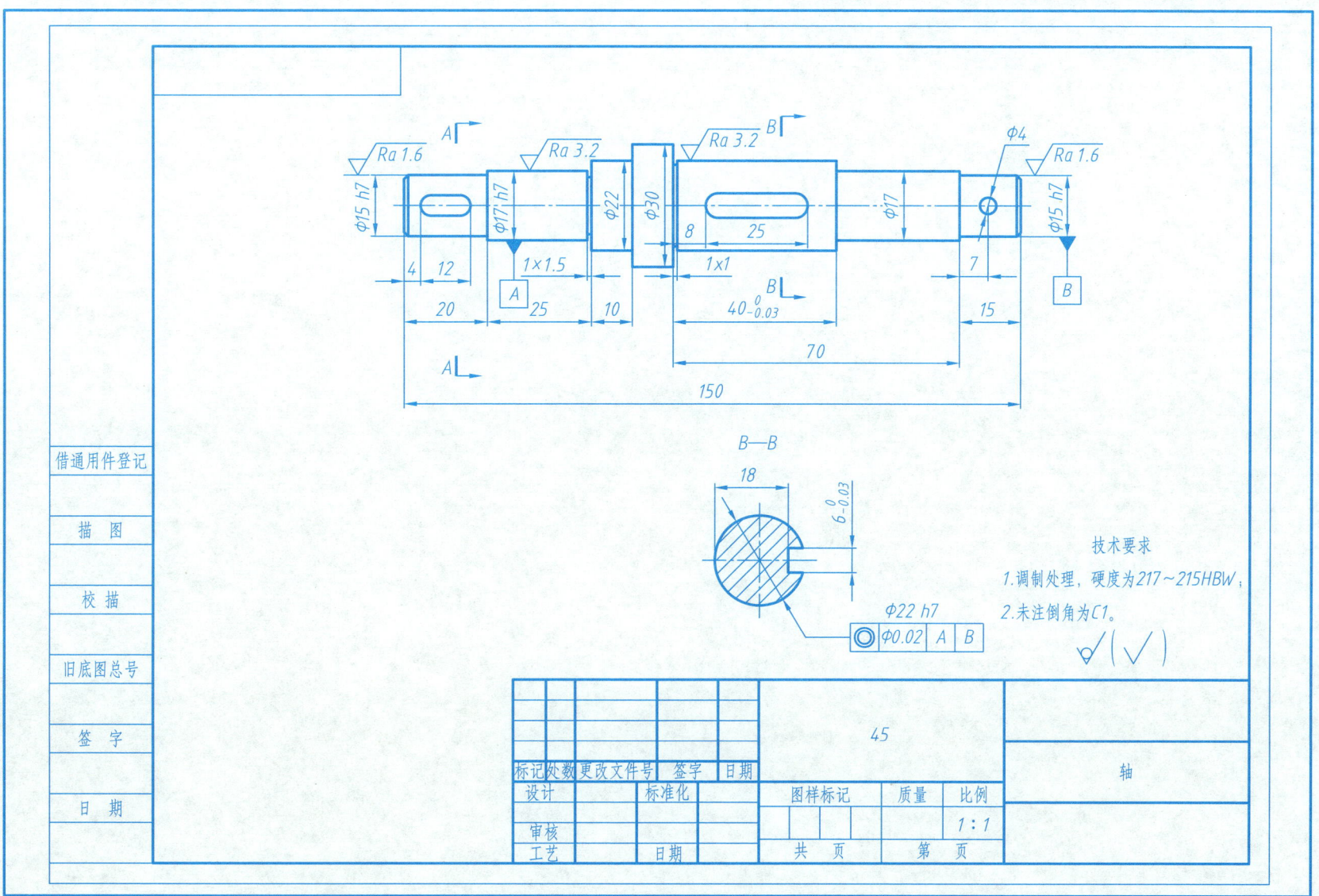

技术要求

1.调制处理，硬度为217~215HBW；

2.未注倒角为C1。

借通用件登记										

									45			轴

标记	处数	更改文件号	签字	日期					
设计		标准化			图样标记	质量	比例		
审核							1：1		
工艺		日期			共 页	第 页			

2.读零件图，并回答问题。

（1）该零件名称是_____，材料是_____，比例是_____。

（2）零件的最大轮廓尺寸是_____。

（3）主视图采用了_____剖视图。

（4）代号ϕ32H8的公差代号是_____，公差等级是_____，公称尺寸是_____。

（5）主视图左侧6×ϕ7⌴ϕ11▽5的定位尺寸是_____，ϕ11孔的深度是_____。

（6）$\dfrac{3×M5-7H▽10}{孔▽12}$ 的含义是_____。

（7）⊥ 0.04 A 被测要素为ϕ_____的_____端面，基准要素为ϕ_____轴线，检测项目是_____，公差值是_____。

（8）右端面上ϕ10圆柱孔的定位尺寸是_____。

（9）ϕ16H7内孔面的表面结构代号是_____。

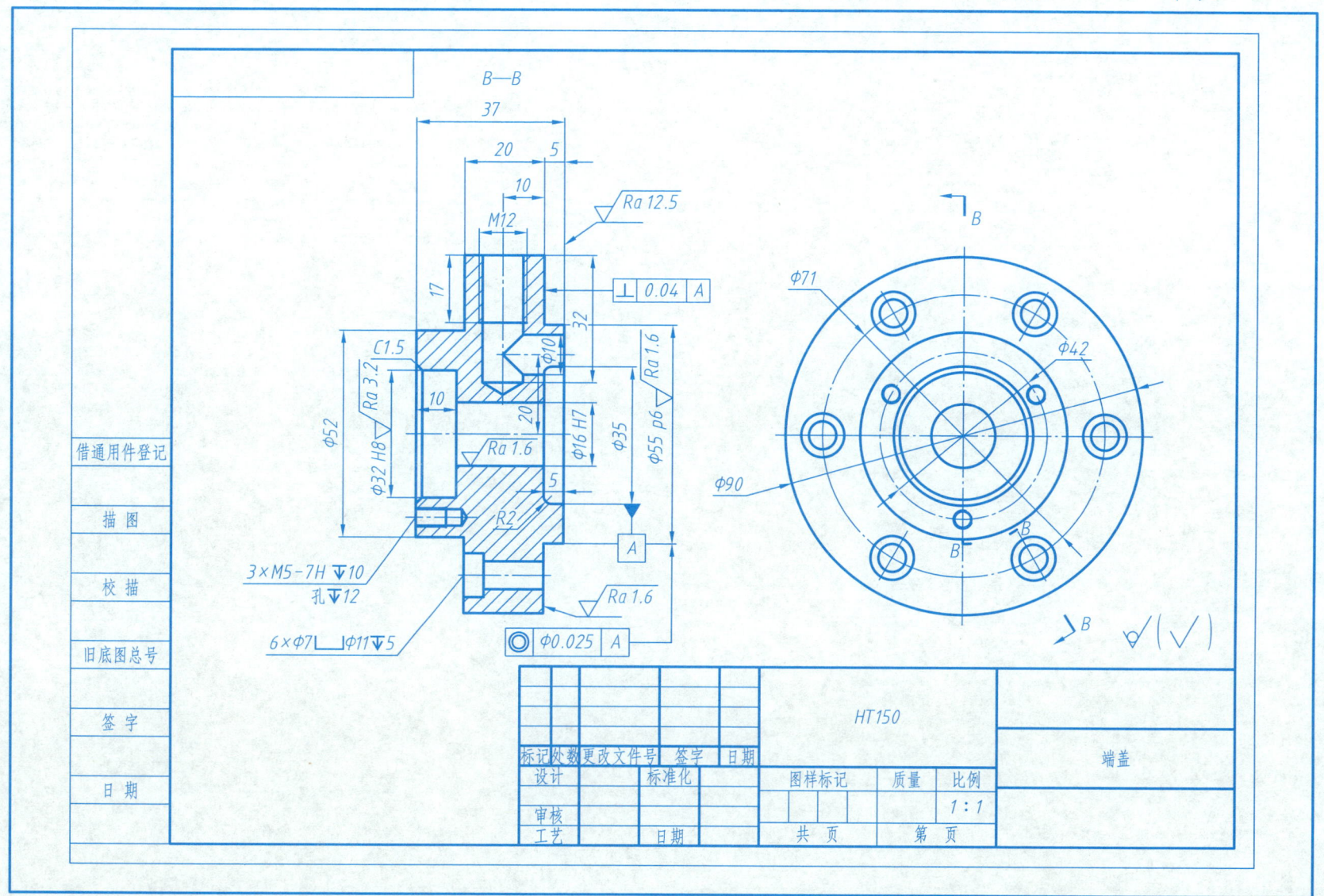

B—B

37
20　5
10
M12
Ra 12.5
17
⊥ 0.04 A
32
C1.5
Ra 3.2
φ10
Ra 1.6
10
20
φ52
φ32 H8
φ16 H7
φ35
φ55 p6
Ra 1.6
5
Ra 1.6
R2
A
3×M5-7H ▽10
孔▽12
6×φ7 ⌴φ11▽5
◎ φ0.025 A

B
φ71
φ42
φ90
B
B
B
√(√)

借通用件登记

描　图

校　描

旧底图总号

签　字

日　期

					HT150				端盖
标记	处数	更改文件号	签字	日期					
设计		标准化			图样标记		质量	比例	
审核								1:1	
工艺		日期			共　页		第　页		

3.读零件图，并回答问题。

（1）该零件名称是_____，材料是_____，比例是_____。零件的最大轮廓尺寸是_____。

（2）左视图采用_____剖，俯视图为_____视图。

（3）在_____视图上可以看出底板的形状，在_____图上反映了上面凸台的形状。

（4）零件上有_____个螺纹孔，其标记是_____。

（5）ϕ72H7圆孔的上极限尺寸是_____，下极限尺寸是_____。

（6）该零件有一处_____公差要求，表示ϕ72H7圆孔轴线相对_____面的平行度误差不超过_____。

（7）该零件支撑板肋板的厚度是_____。

（8）该零件底面表面粗糙度Ra值是_____，顶面表面粗糙度Ra值是_____，表面粗糙度Ra值最低的面是_____面。

（9）主视图上有_____个均布的小圆孔，其直径是_____。

（10）根据图中标注的尺寸标注C向视图中所缺的尺寸数字。

任务8.2 读零件图　　　　　　　姓名：　　　　班级：　　　　学号：

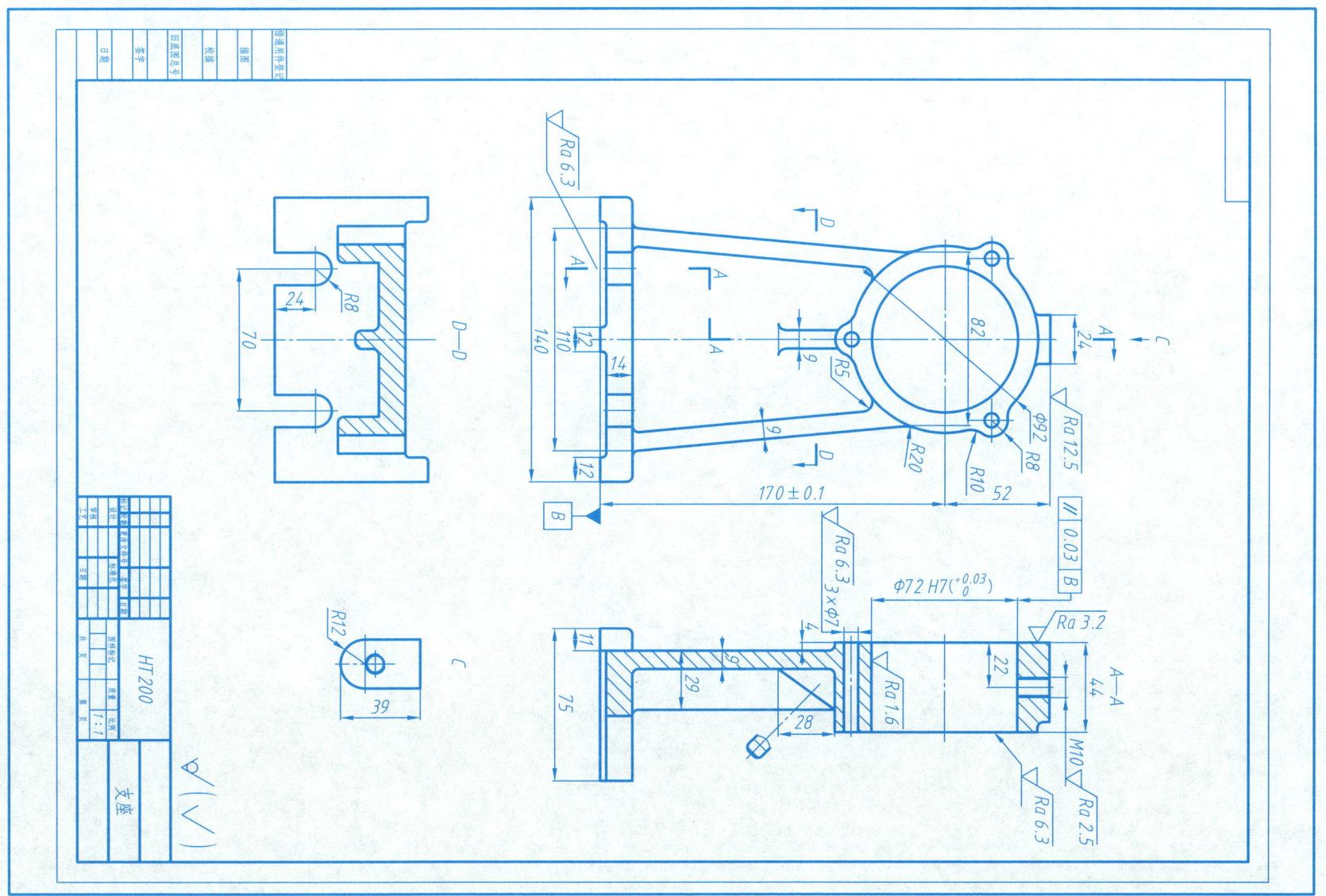

HT 200

1:1

支座

$\phi/(\sqrt{\ })$

$\sqrt{Ra\,6.3}$

$\sqrt{Ra\,12.5}$

$\sqrt{Ra\,6.3}$

$\sqrt{Ra\,3.2}$

$\sqrt{Ra\,1.6}$

$\sqrt{Ra\,6.3}$

$\sqrt{Ra\,2.5}$

D—D

A—A

C

24
R8
70

R12
39

170 ± 0.1

$\phi72\,H7({}^{+0.03}_{0})$

$3\times\phi7$

$\phi92$
R8

R5
R10
R20
52
82
140
110
12
14
12
9
9
24

75
11
29
9
4
28
22
44
M10

$/\!/\ 0.03\ B$

B

A
A

C

D
D

108

选择合适的视图表达方案及比例，根据零件轴测图绘制零件图，并标注尺寸(零件名称：支座，材料：HT150，零件前后、左右对称)。

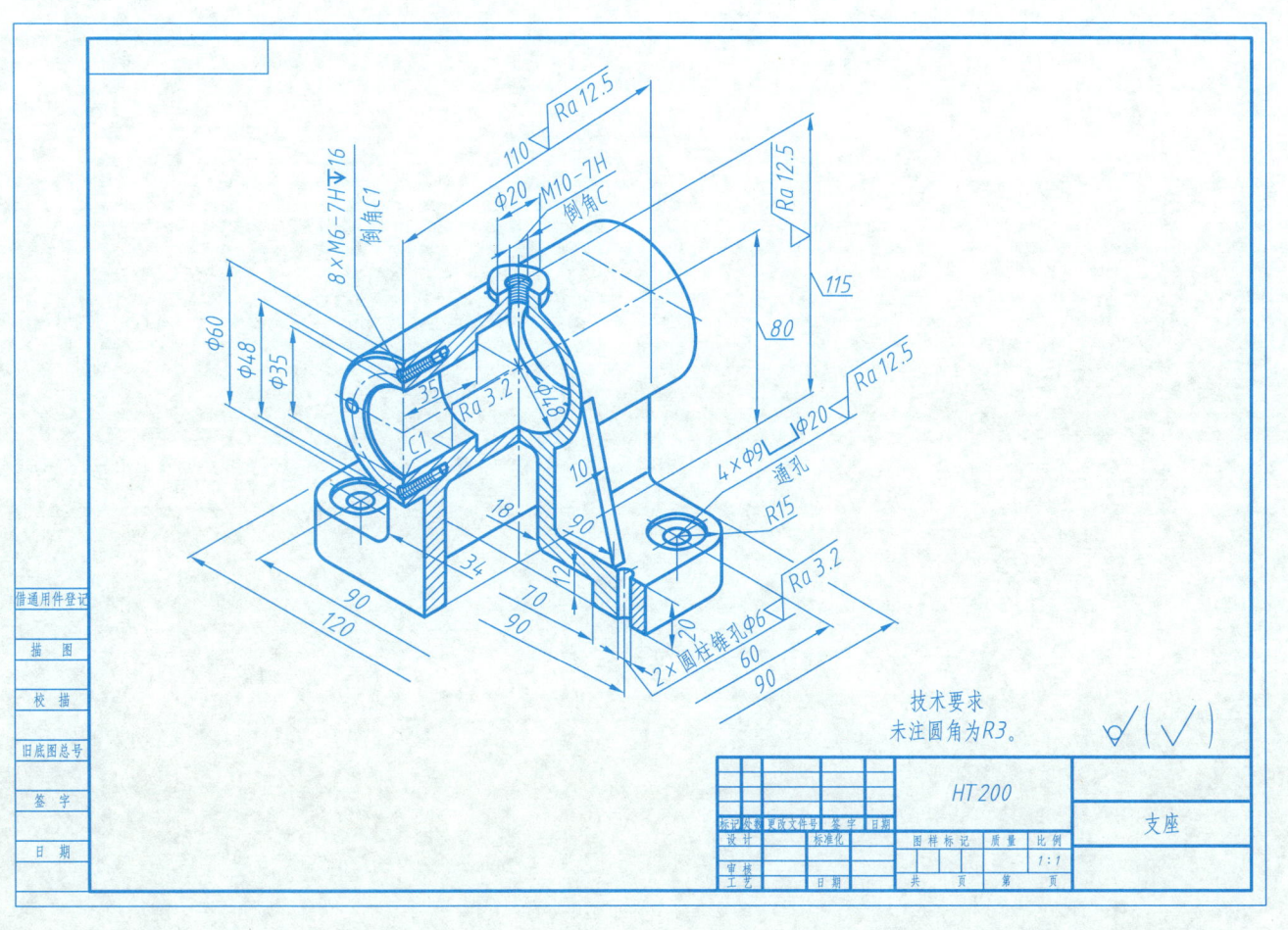

技术要求
未注圆角为R3。

项目九

装配图的识读与绘制

1.作业要求

根据千斤顶的装配示意图及零件图绘制装配图，图幅及绘图比例自行确定。

2.千斤顶的工作原理

千斤顶是利用螺旋转动来顶举重物的一种起重或顶压工具，常用于汽车修理及机械安装中，工作时重物压于顶垫之上，将绞杆穿入螺旋杆上部的孔中，转动绞杆，因底座及螺套不动，则螺旋杆在作圆周运动的同时，靠螺纹的配合作上、下移动。从而顶起或放下重物。螺套镶在底座里，并用螺钉定位，磨损后便于更换；顶垫套在螺旋杆顶部，其球面形成传递承重的配合面，由螺钉锁定，使顶垫不至脱落且能与螺旋杆相对运动。千斤顶装配示意图如下：

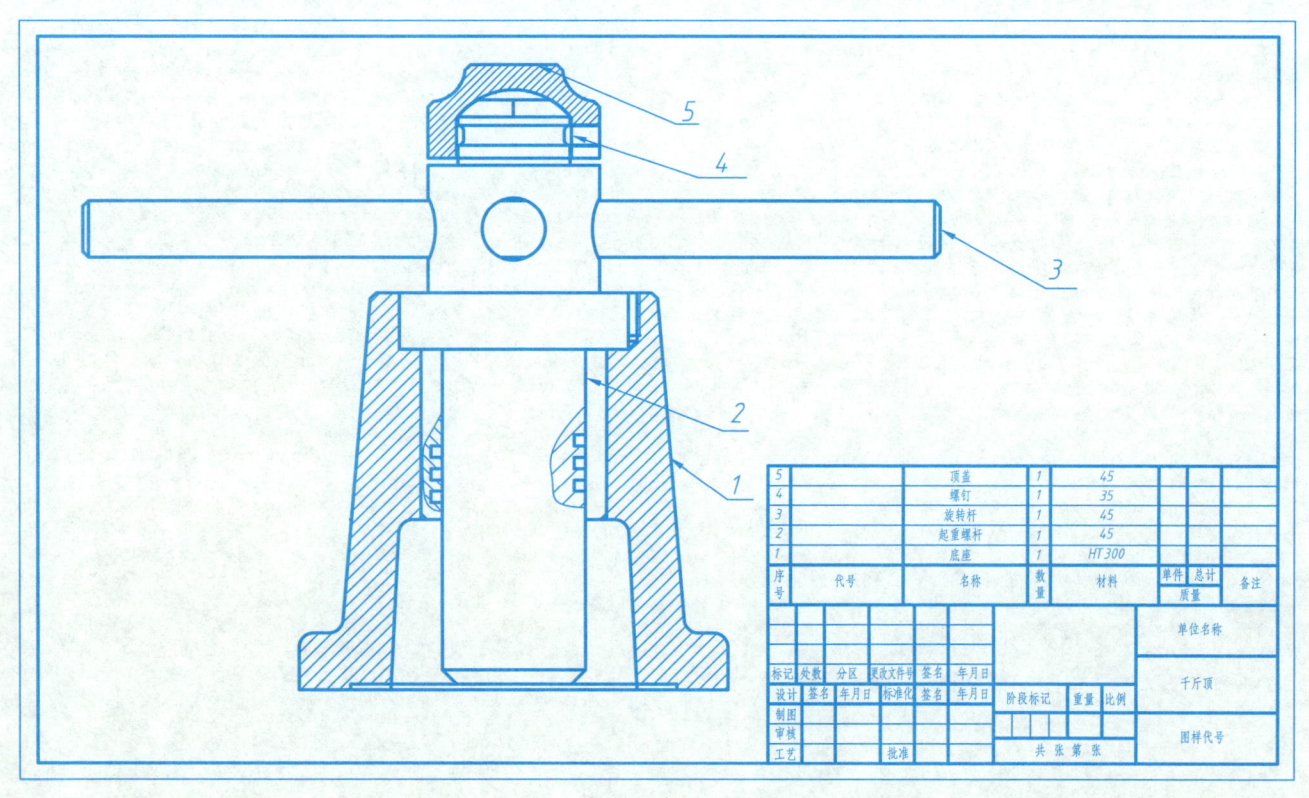

5		顶盖	1	45		
4		螺钉	1	35		
3		旋转杆	1	45		
2		起重螺杆	1	45		
1		底座	1	HT300		
序号	代号	名称	数量	材料	单件 总计 质量	备注

									单位名称	
标记	处数	分区	更改文件号	签名	年月日				千斤顶	
设计	签名	年月日	标准化	签名	年月日	阶段标记	重量	比例		
制图									图样代号	
审核										
工艺			批准			共 张 第 张				

3.零件图

　（1）顶垫

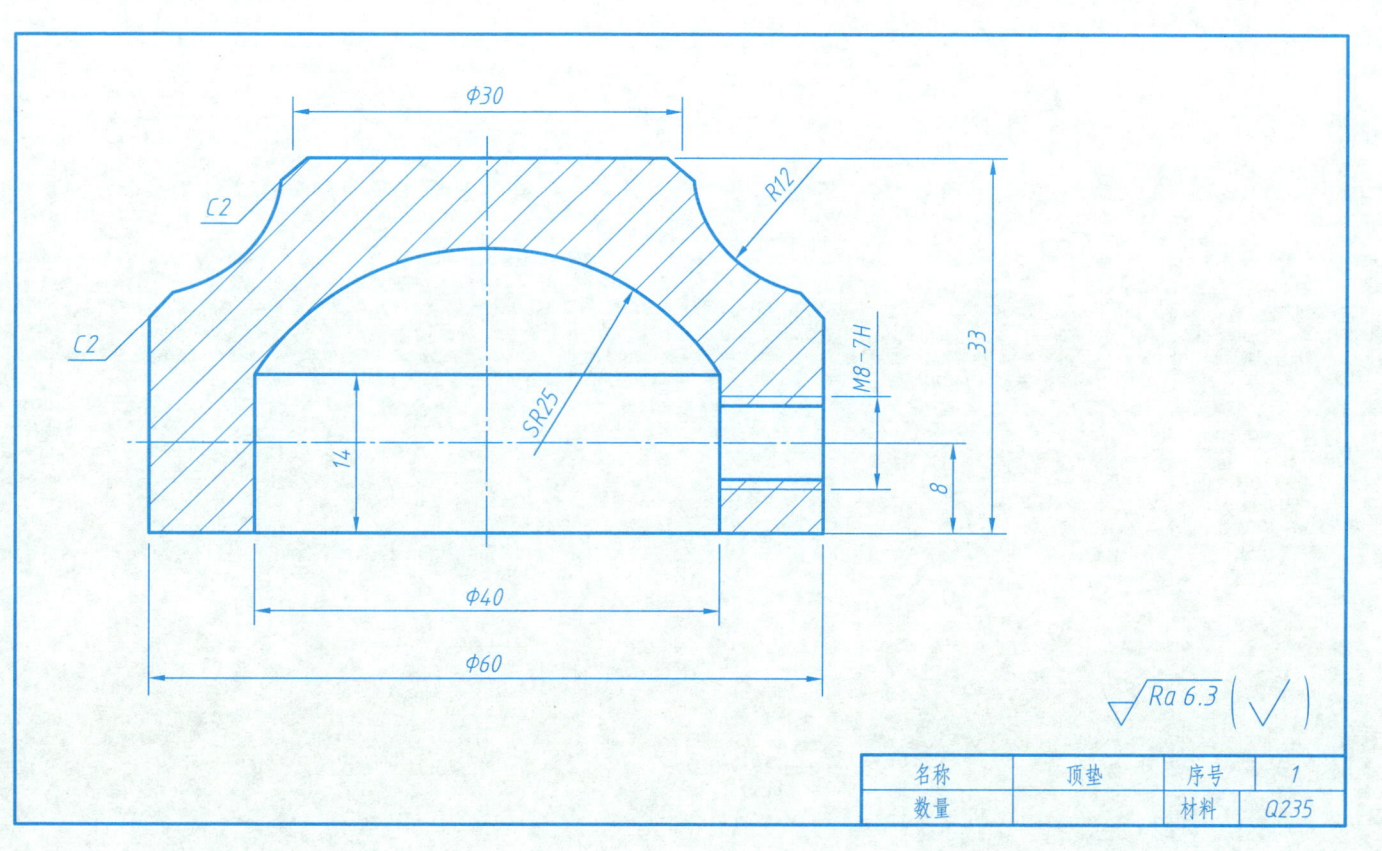

$\sqrt{}$ Ra 6.3 ($\sqrt{}$)

名称	顶垫	序号	1
数量		材料	Q235

（2）螺旋杆

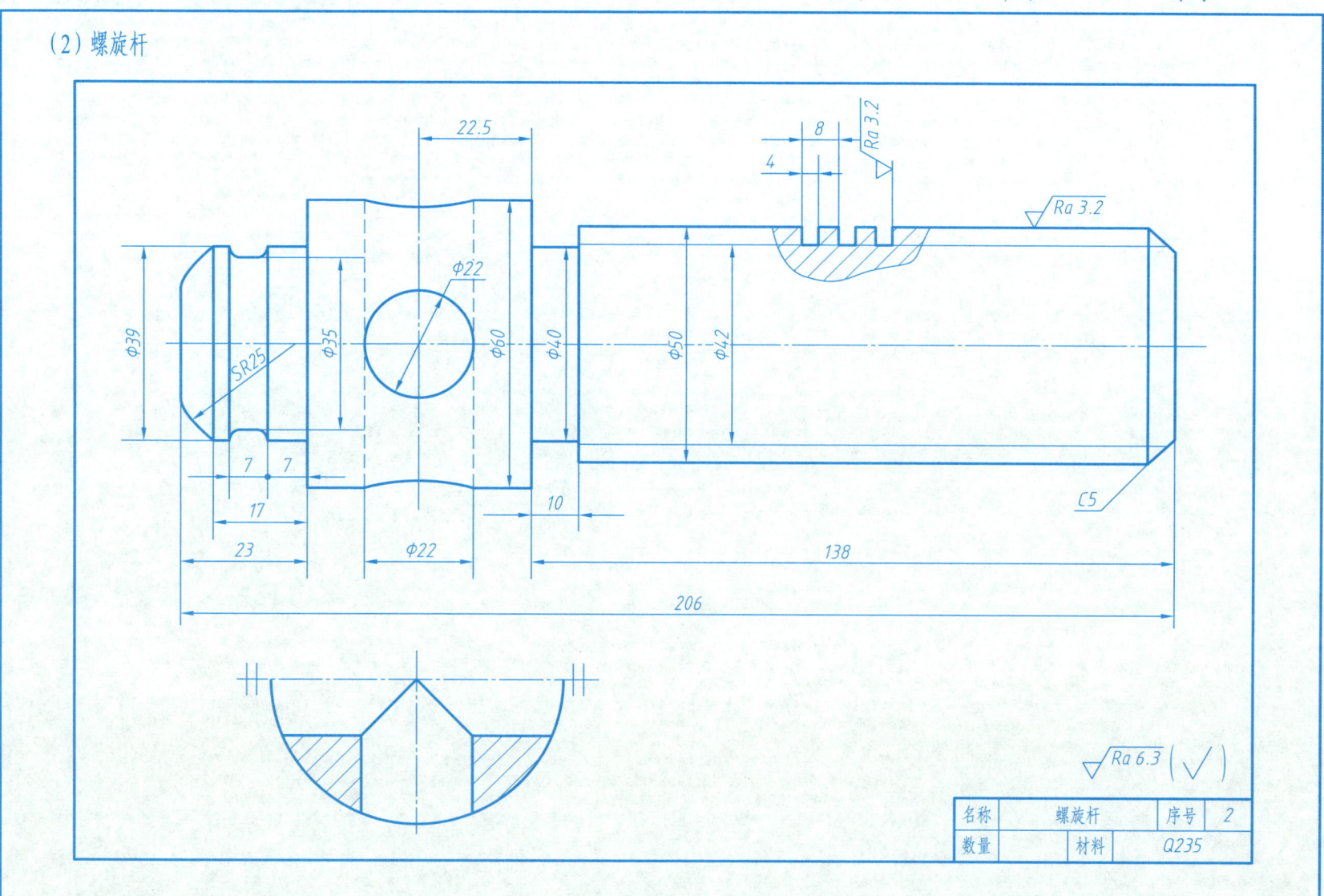

名称	螺旋杆	序号	2
数量		材料	Q235

（3）绞杆

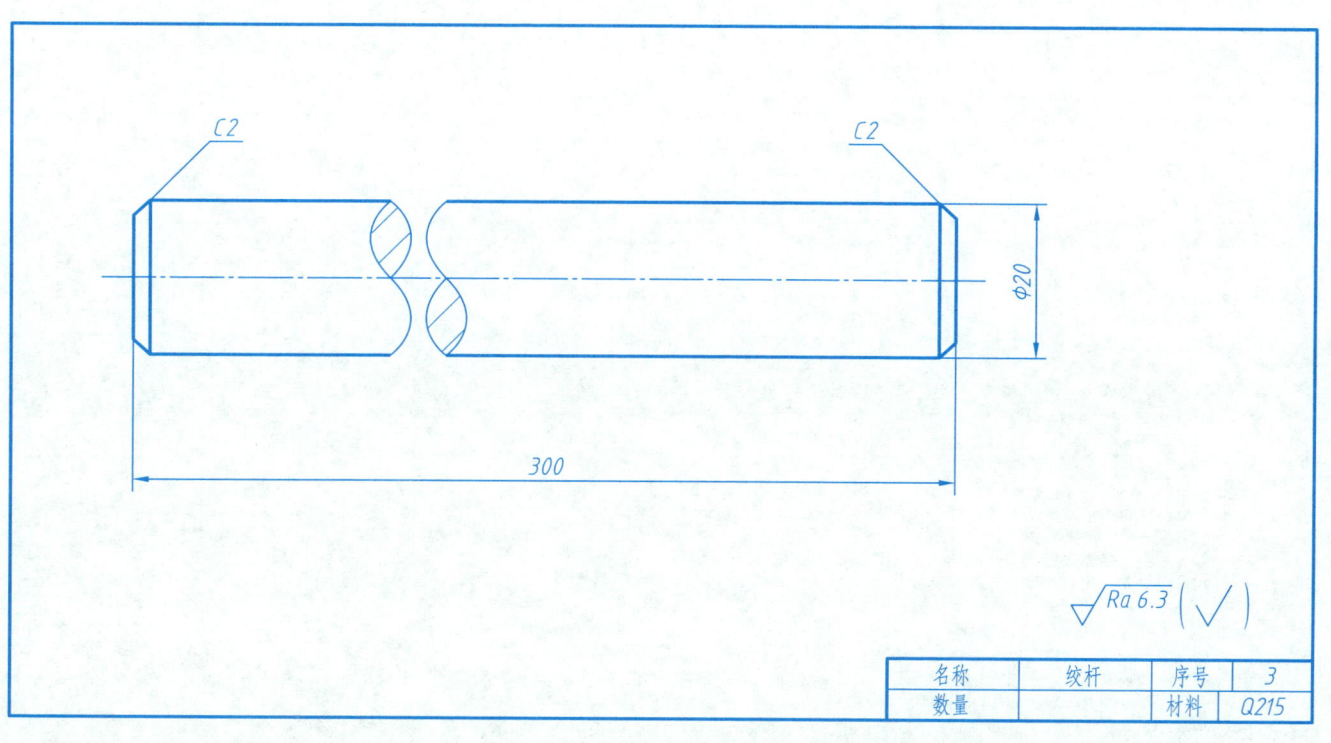

名称	绞杆	序号	3
数量		材料	Q215

（4）螺套

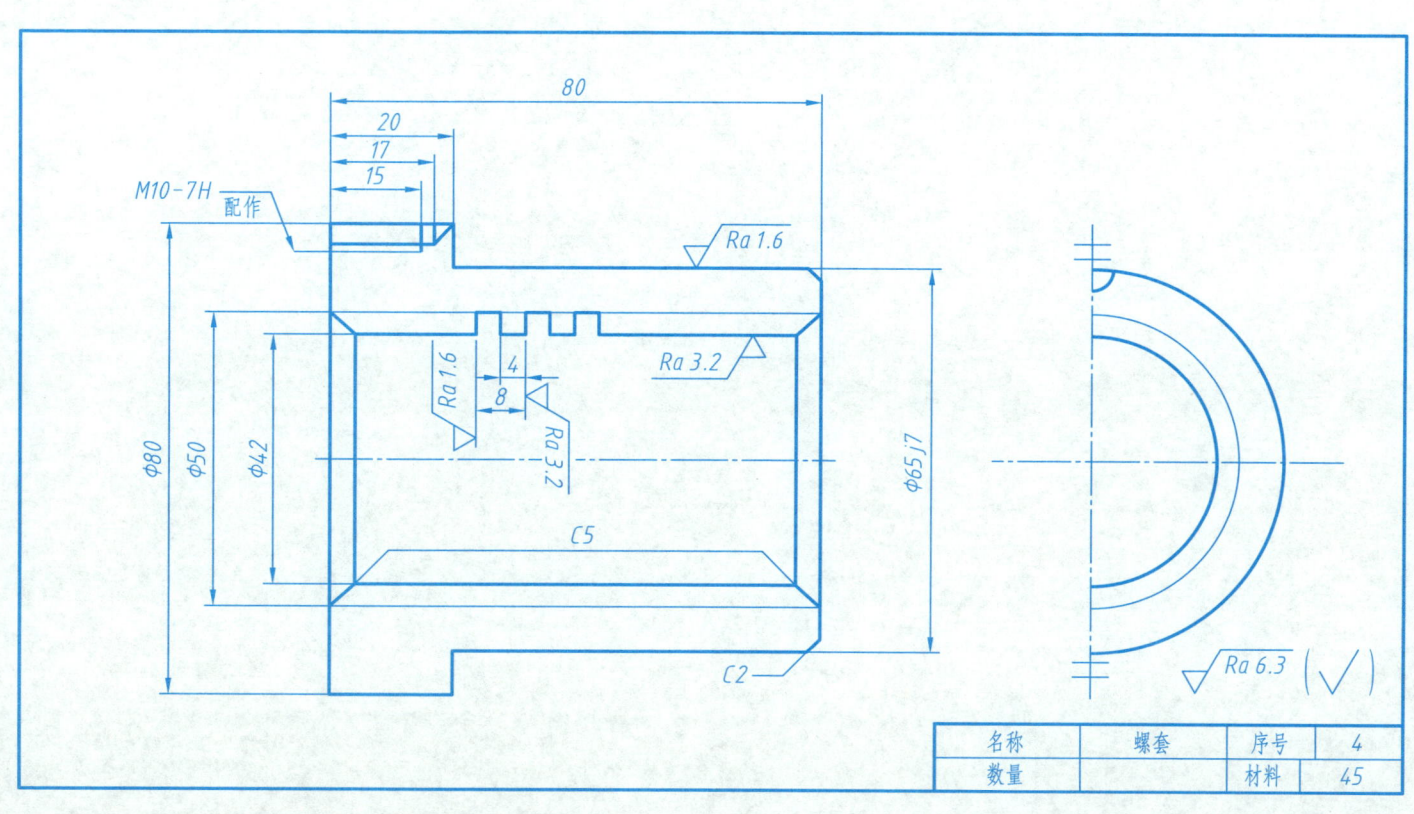

名称	螺套	序号	4
数量		材料	45

（5）底座

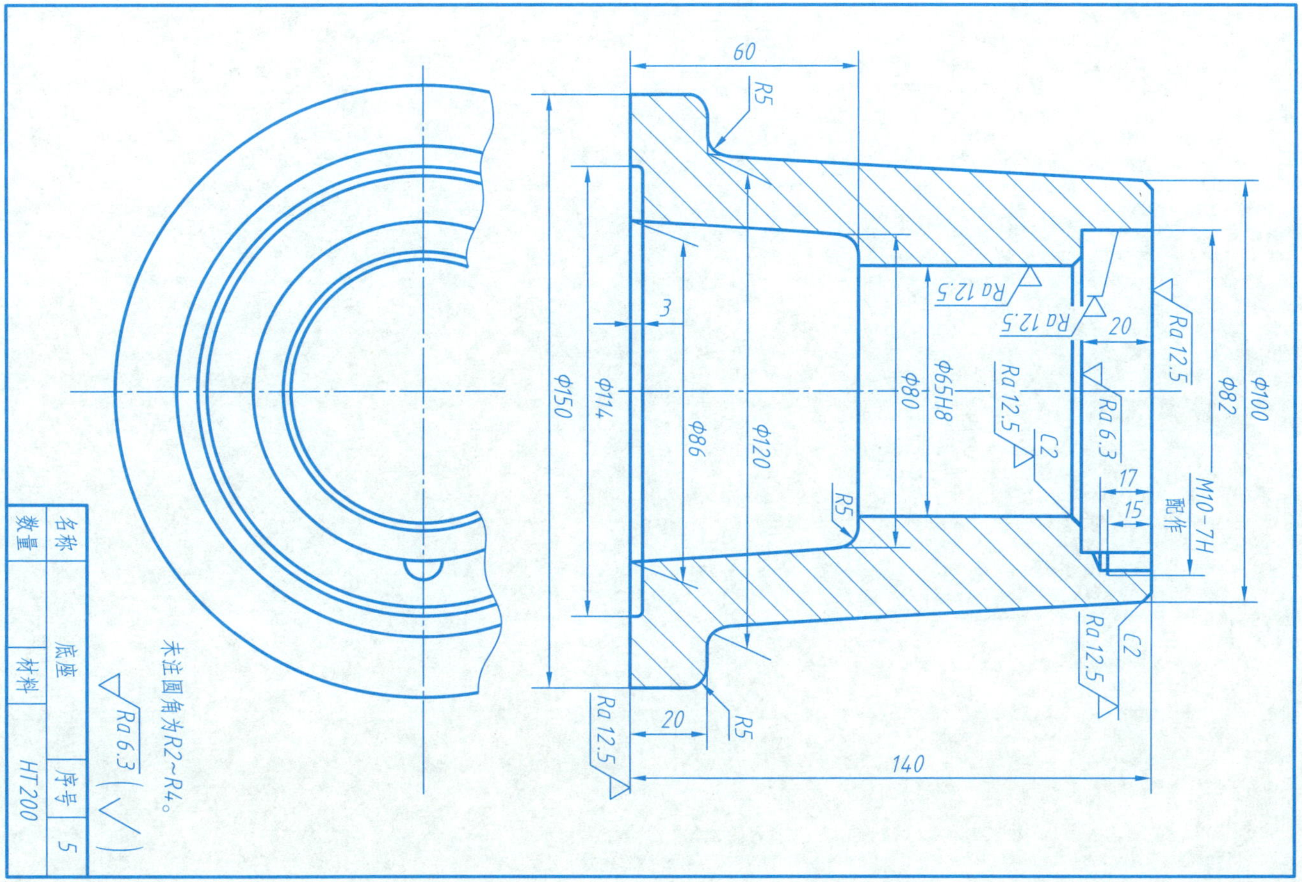

60

R5

3

Φ150

Φ114

Φ86

Φ120

Φ80

Φ65H8

Φ82

Φ100

Ra 12.5

Ra 12.5

Ra 12.5

Ra 6.3

C2

20

17

15

M10-7H 配作

Ra 12.5

R5

Ra 12.5

C2

R5

Ra 12.5

20

R5

140

未注圆角为R2~R4。

√Ra 6.3（√）

名称　底座

数量　材料　序号　5

HT200

任务9.2 柱塞泵装配图识读　　　　　　　　　姓名：　　　　班级：　　　　学号：

1.柱塞泵工作原理

　　柱塞泵是一小型加压装置。一凸轮(未画出)顶在件3上，通过凸轮的旋转，带动件3、4、5运动，并与件8构成往复的上下运动，使泵体腔内瞬时真空，从而通过单向阀的一吸一排，增加液体压力。

2.作业要求

　　（1）主视图采用剖视，俯视图采用_____剖视。

　　（2）要取出单向阀滚珠11，必须按顺序拆卸_____号零件。

　　（3）30H9/g8是尺寸，它属于_____制_____配合。

　　（4）柱塞泵的安装尺寸为_____、_____、_____。

　　（5）俯视图中六边形是_____号件的投影。

　　（6）拆画零件7工作图。

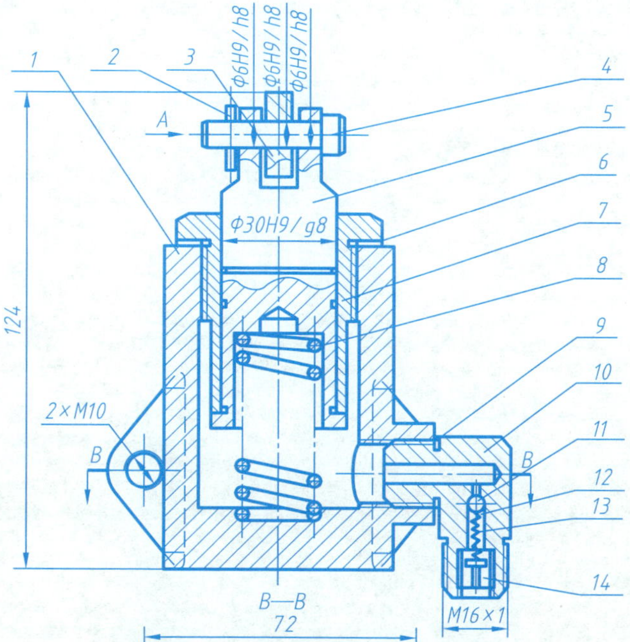

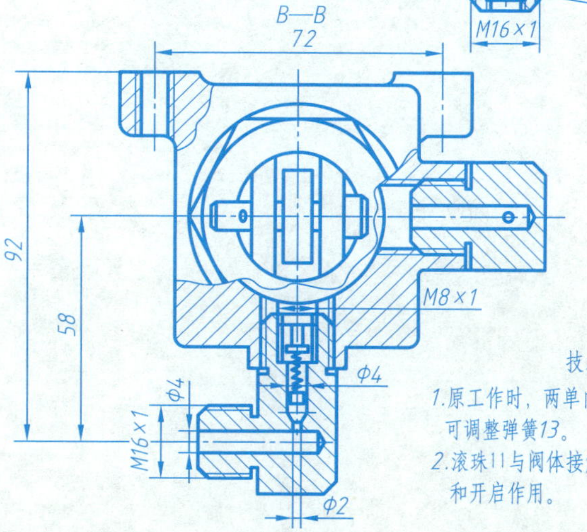

14	螺塞	2	35	
13	弹簧	2	65Mn	弹簧钢丝
12	珠托	2	35	
11	滚珠	2	6Cr15	
10	单向阀体	2		
9	衬垫	2		
8	弹簧	1	65Mn	弹簧钢丝
7	柱塞套	1		
6	垫片	1	工业图纸	
5	柱塞	1	45	
4	小轴	1	45	
3	小轮	1	45	
2	开口销	1	35	GB/T 91—2000
1	泵体	1	HT150	
序号	名称	数量	材料	备注

柱塞泵　比例　共　张　质量　第　张

制图　　审核　　(单位名称)

技术要求

1.原工作时，两单向阀体要求一设一排，如不符合要求，可调整弹簧13。

2.滚珠11与阀体接触处应冷压一球痕，保证滚珠的定位和开启作用。

124　2×M10　B—B　72　92　58　M16×1　M8×1　Φ30H9/g8　Φ6H9/h8　M16×1　Φ4　Φ2

1.手用虎钳工作原理

　　使用时，将工件放在两个钳口板5之间，抬起丝杆3即可快速移动活动钳身2、摇臂10、联结块7及楔8等，并使钳口板夹持工件。然后将丝杆3向下压，由于摇臂10下部圆弧半径的变化，可带动联结块7及楔8上升与钳身1固紧。再转动丝杆3，推动活动钳身2将工件夹紧。

2.作业要求

　　（1）主视图采用剖视，俯视图采用_____剖视。

　　（2）活动钳身依靠_____号件带动它移动。

　　（3）联结块7与摇臂10之间靠_____连接。

　　（4）夹持工件的厚度不得超过_____。

　　（5）画出零件1、2工作图。

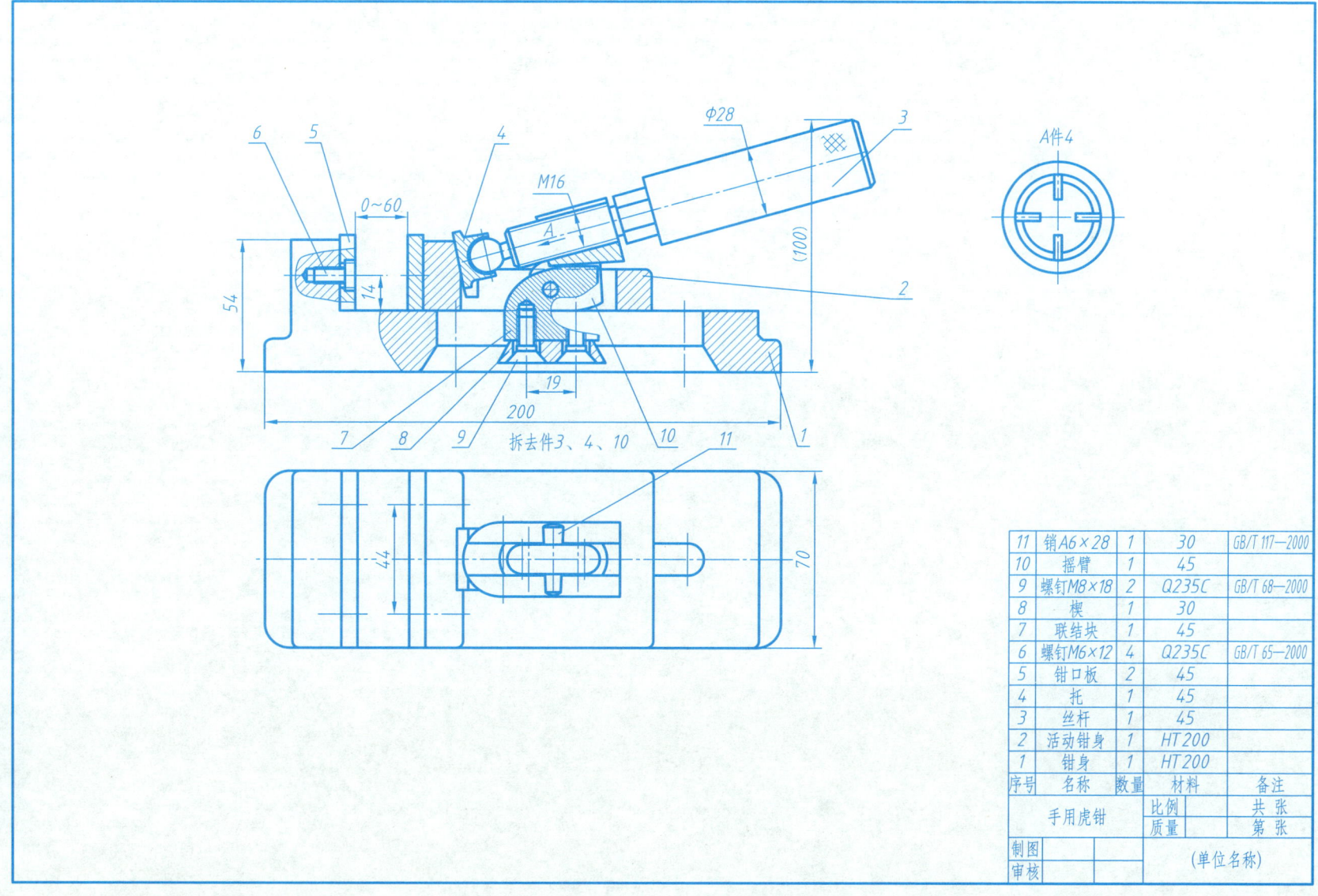

拆去件3、4、10

A件4

11	销A6×28	1	30	GB/T 117—2000
10	摇臂	1	45	
9	螺钉M8×18	2	Q235C	GB/T 68—2000
8	楔	1	30	
7	联结块	1	45	
6	螺钉M6×12	4	Q235C	GB/T 65—2000
5	钳口板	2	45	
4	托	1	45	
3	丝杆	1	45	
2	活动钳身	1	HT200	
1	钳身	1	HT200	
序号	名称	数量	材料	备注

手用虎钳	比例		共　张
	质量		第　张

制图		（单位名称）
审核		

项目十

计算机绘图基础

任务10.1 绘制盘类零件图　　　　　　　　姓名：　　　　　班级：　　　　　学号：

1.采用中望CAD绘制配气盘零件图。

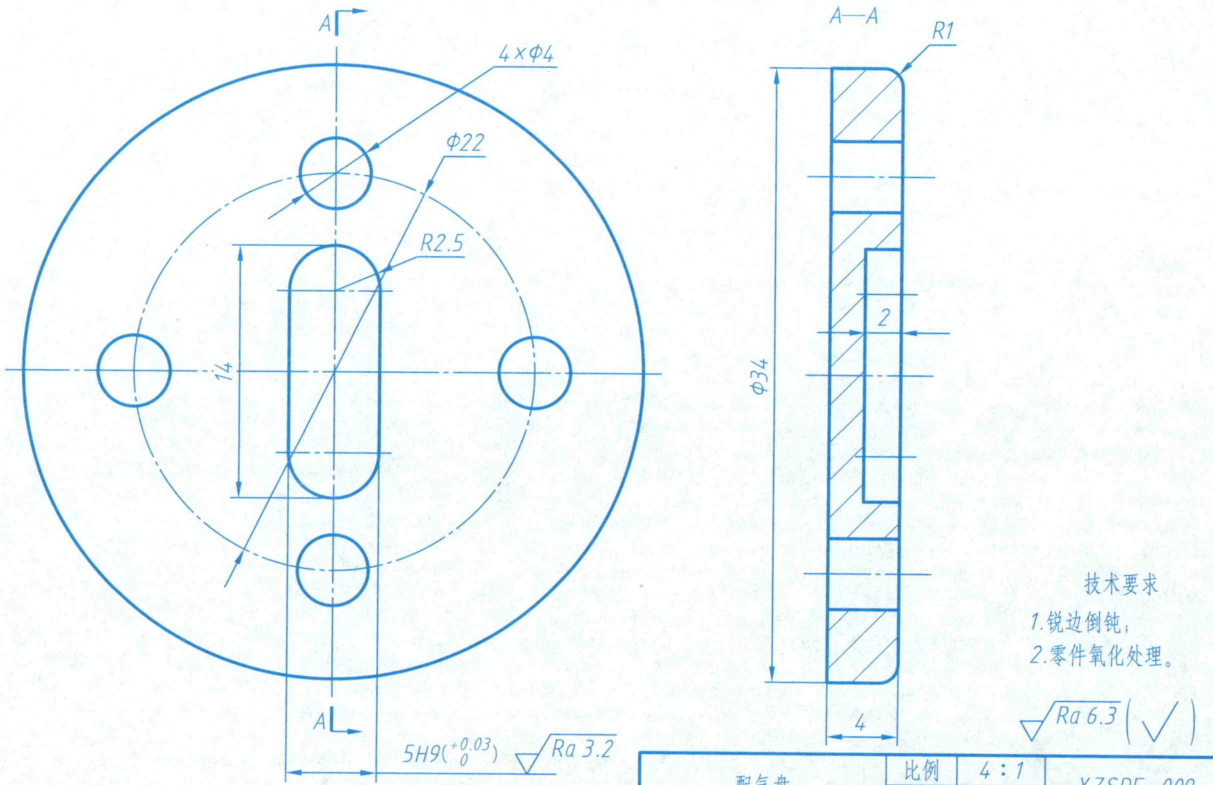

A—A

A

4×φ4

φ22

R2.5

R1

φ34

2

14

技术要求

1.锐边倒钝；

2.零件氧化处理。

$\sqrt{\text{Ra 6.3}}$ （ $\sqrt{}$ ）

A

4

$5H9(^{+0.03}_{0})$ $\sqrt{\text{Ra 3.2}}$

配气盘		比例	4：1	XZSDF-009
		质量		
制图		数量		材料	2A12
审核		广州中望龙腾软件股份有限公司			

2.采用中望CAD绘制联接法兰零件图。

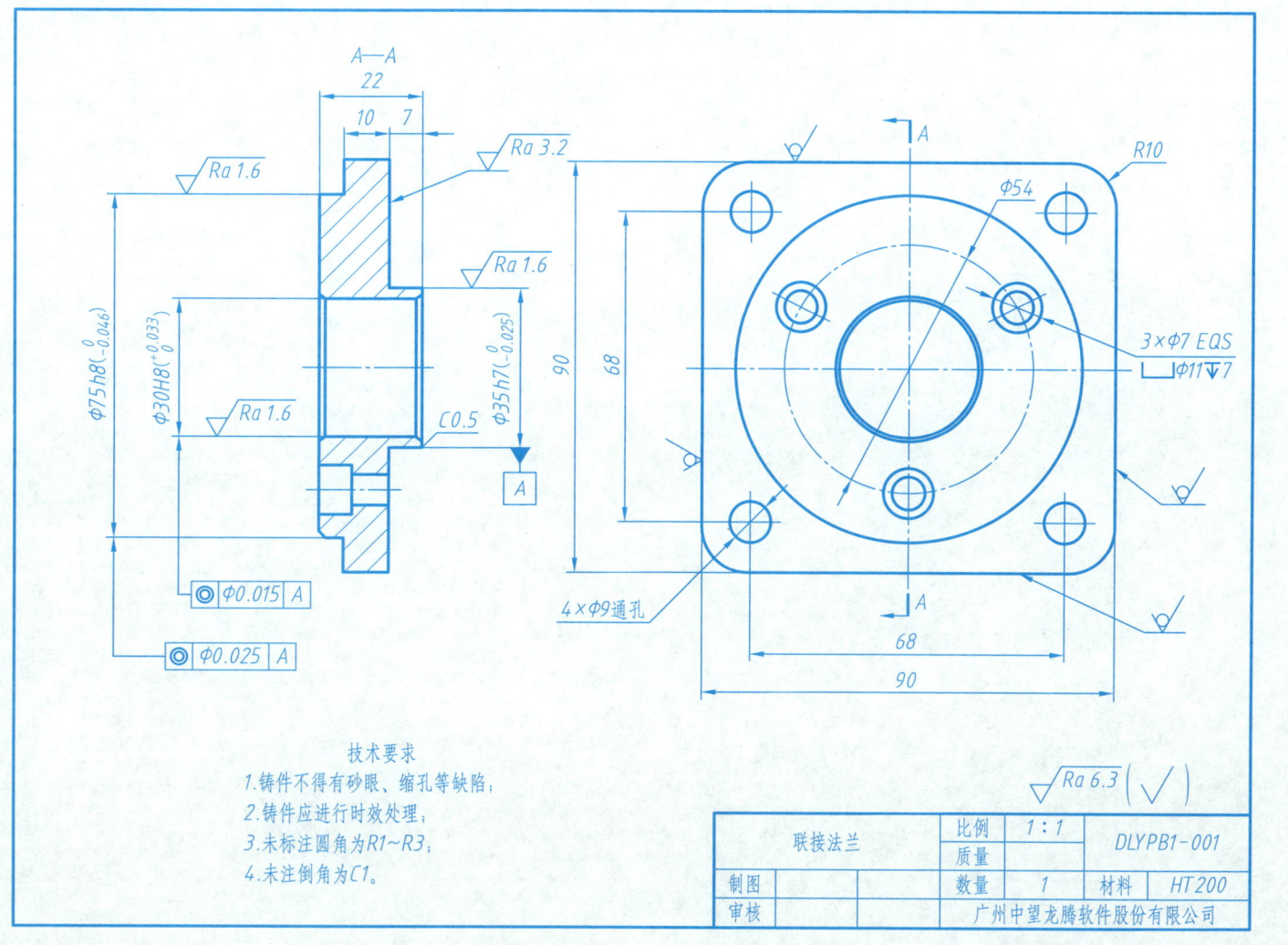

技术要求
1.铸件不得有砂眼、缩孔等缺陷；
2.铸件应进行时效处理；
3.未标注圆角为R1~R3；
4.未注倒角为C1。

$\sqrt{Ra\ 6.3}\left(\sqrt{}\right)$

联接法兰		比例	1:1	DLYPB1-001
		质量		
制图		数量	1	材料	HT200
审核		广州中望龙腾软件股份有限公司			

1.采用中望CAD绘制主动齿轮轴零件图。

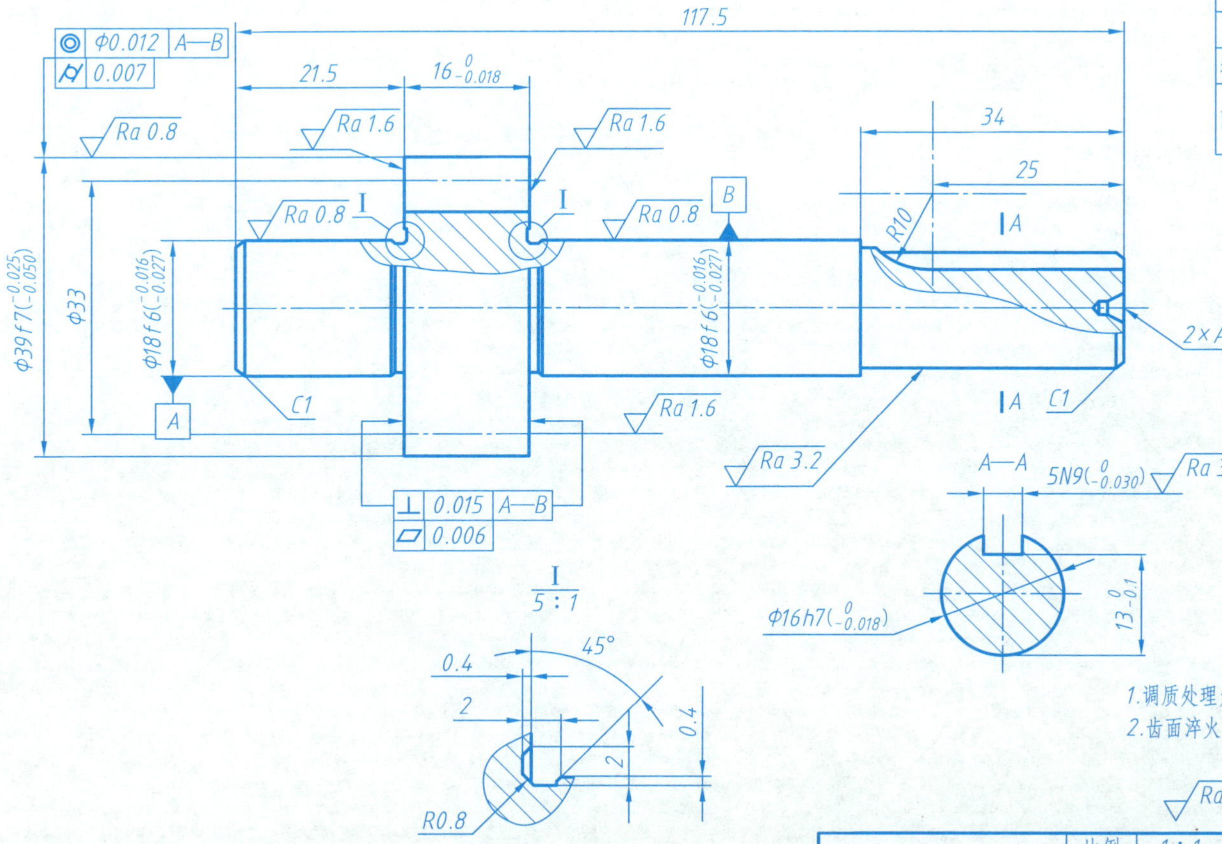

模数	m	3
齿数	z	11
齿形角	a	20°
精度等级		7GL
配对齿轮	图号	CLYB-004
	齿数	11

$A-A$ $5N9(^{0}_{-0.030})$ $\sqrt{Ra\,3.2}$

$\phi16h7(^{0}_{-0.018})$

$13^{0}_{-0.1}$

技术要求
1.调质处理为250~280HBW;
2.齿面淬火为48~52HRC。

$\sqrt{Ra\,6.3}$ $(\sqrt{})$

主动齿轮轴	比例	1:1	CLYB-003
	质量		
制图		数量	1	材料	40Cr
审核		广州中望龙腾软件股份有限公司			

I
5:1

45°
0.4
2
0.4
2
R0.8

2.采用中望CAD绘制柱塞杆零件图。

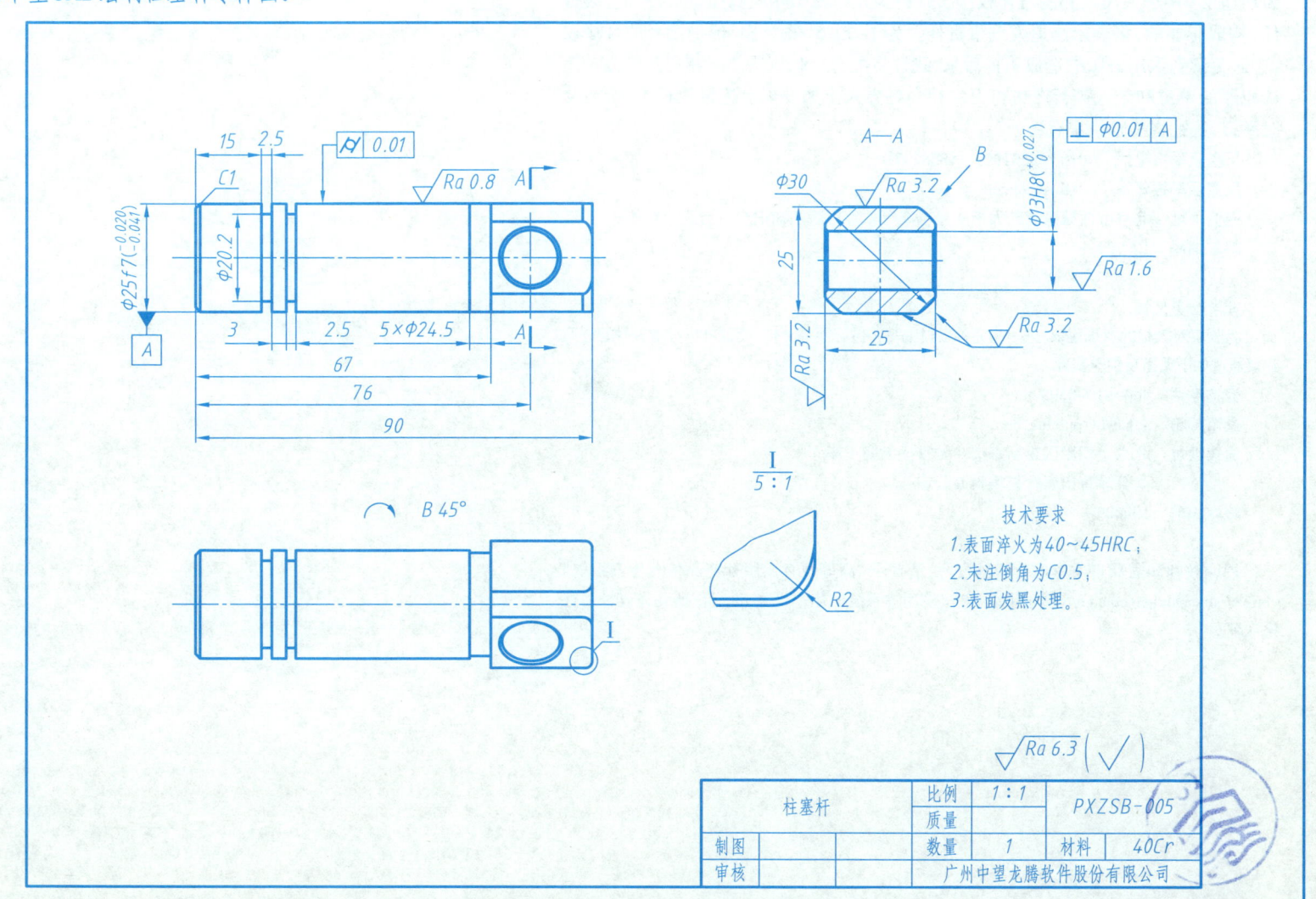

技术要求
1.表面淬火为40~45HRC;
2.未注倒角为C0.5;
3.表面发黑处理。

	柱塞杆	比例	1:1	PXZSB-005
		质量		
制图		数量	1	材料	40Cr
审核		广州中望龙腾软件股份有限公司

读者意见反馈

为收集对教材的意见建议,进一步完善教材编写并做好服务工作,读者可将对本教材的意见建议通过如下渠道反馈至我社。

咨询电话　400-810-0598

反馈邮箱　gjdzfwb@pub.hep.cn

通信地址　北京市朝阳区惠新东街 4 号富盛大厦 1 座

　　　　　高等教育出版社总编辑办公室

邮政编码　100029

授课教师如需获得本书配套教辅资源,请登录"高等教育出版社产品信息检索系统"（https://xuanshu.hep.com.cn/）搜索下载,首次使用本系统的用户,请先进行注册并完成教师资格认证。